明日クビになっても大丈夫!

ヨッピー

幻冬舎

明日クビになっても大丈夫！

はじめに

今、この本を手に取り、このページを開いている貴方《あなた》はきっと「このままこの仕事を続けていていいのか」とか「会社が倒産しそう」といった、「仕事への不安」を抱えているんだろうと思う。

もし貴方が「貯金8億あるし株も土地もあるしヒルズ住んでるし車ポルシェだし」なんて人ならきっとこの本を手に取らないだろうし、取る必要もないと思う。僕が「明日クビになっても大丈夫！」というタイトルがついたこの本でこれから書く内容は、「天職の見つけかた」とか「副業で稼ぐ方法」とかそういうふうに読み替えてもらっても構わない。なんとなく、「将来、どうしようかな」って悩んでる学生、「このままこの仕事を続けていてもいいのかな」と漠然と思ってる社会人、「もっと面白い仕事はないか」「本当にやりたいことってなんだっけ」とか、そういう悩みを抱えた人に是非読んで欲しいし、そういう人に向けて自分なりに一生懸命書いたつもりだ。

冒頭で書いたように、ポルシェに乗っていてタワーマンションに住んでるとか、そういう恵まれた環境にいるのにこの本を手に取る人がいたら「会社クビってｗｗｗｗｗｗｗ庶民はこんなの読むのかｗｗｗｗバカにしたろｗｗｗｗｗｗｗ」みたいなノリなのかもしれないけれども、そんなふうに「仕事」「生きかた」について悩む人を小馬鹿に出来るような恵まれた環境にいる人は圧倒的にごくごく少数で、世の中の大多数、９割くらいの人は冒頭で言ったような不安を抱えながら生きている。僕だってそうだった。

更に残念な事に日本の未来をどう好意的に解釈しても、そういった「不安」が解消されるような流れになる見込みはあんまりなさそうなのだ。少子高齢化が進み、財政赤字が膨らみ、中国に追い抜かれ、インドにもそのうち追い抜かれるだろう。年金だってマトモに貰えるかどうかわからない。そして貴方が今、大なり小なり「仕事に対する不安」を抱えているのであれば、そのまま放置しても間違いなくその不安は解消されないし、放置する事はむしろ不安を増大させていくはずだ。宿題はやっつけてしまわない限り、どんどんあなたの心に重くのしかかってゆく。夏休みに終わりがあって宿題に締切があるように、人間にだって締切がある。人間の締切、つまりは誰しもが加齢と共に必ず衰えてゆくからだ。

結局その「不安」を解消するにはその「締切」を迎える前に、貴方が「行動」し、生き延びる能力を身に付けるしかない。確かに身体は衰えるかもしれないけれども、経験や知恵、人脈や信用といったものは自分の中に積もってゆく。それがすなわち「生きる能力」なのかと思う。今までは会社や国といった存在が我々を守ってくれていたのかもしれないけれども、ご存知の通り、終身雇用は崩壊しつつあるし、さっきも言った通り年金だってマトモに貰えるかわからない。結局自分自身の力で生き延びる能力を身に付けるしかないし、その能力を身に付けるには結局のところ「行動する」しかないのだ。漠然とした不安を抱えたまま、行動せずに時が経てば経つほど不安は増してゆくはずだ。何かのきっかけで「行動」し、その漠然とした不安を解消しない限り、一生不安が付きまとう。

この本はそういった不安を抱えた人達に贈る本であって、「行動したいけど、

何をしたらいいかわからない」という人達の背中を後押しするような本であればいいな、と思いながら今この文章を書いている。「こいつ、偉そうに何言ってやがる」と言う人もたくさんいるかもしれないけど、5年前にサラリーマンを辞め、いまだに定職にも就かずに遊んで暮らしているような僕があんまりそういう不安を抱えていなくて、**「世の中って意外と楽勝やんけ」**くらいに思いながら生きているのだ。

本来であれば、僕のような「会社員」という身分保証から離れたフリーランスなんて不安定極まりない職業で不安を抱えながら仕事をするのが宿命みたいなものなのに、そんな僕がなんで「楽勝」なのかそれについてこの本では書いていきたい。それを伝える事で皆さんが今後の人生を生きる上での、何かしらの指針になれば幸いであります。世の中にはたくさんの自己啓発書のたぐいが出ているけれども、結局のところどの本も「行動しろ」という事が大きなテーマになっているし、僕もそれは正しい事だと思っている。だからこの本ではその「行動する」という部分について掘り下げていきたい。この本を読み終わった頃に、貴方が「よし、じゃあ何かやるか」と思い立って頂けるような本であればいいな、と思う。たぶん。よくわかんないけど。そんな感じでひとつ、よろしくお願いします。

明日クビになっても大丈夫!●目次

第一章 会社員に向いてないサラリーマン

第二章 趣味をお金に変えよう

第三章 明日クビになっても生き延びるための思考法

第四章 逃げるが勝ち！の仕事術

第一章

会社員に向いてないサラリーマン

僕の仕事を紹介します

まず最初に、僕がなんの仕事をしているかについて書こうと思う。僕の事なんて知らない人がほとんどだろうけど、**つまりは自分の裸を、インターネットに晒すのが僕の仕事だ。**

まあ、「裸をインターネットに晒す」などと言ったところで「こいつ、頭おかしいのかな？」「この本返品しよ」と思う人もたくさんいるかもしれないので補足しておくと、僕はいわゆる「ライター」と呼ばれる人間で、基本的には文章を書く事で生計を立てている。Googleで「ヨッピー」と検索をかけて出てくる記事を読んで頂くのが一番てっとり早いのだけど、一般的な「ライター」の定義とは随分違ったやりかたで今の時代を生きているので、例えば週刊誌に寄稿し、それに対して記事一本3万円とか5万円などといった報酬を得る、いわゆる古いタイプの「ライター」を想像するとイメージが随分違ってくるかもしれない。

そういう古いタイプのライターと僕の一番大きな違いは、僕はインターネットでしか記事を書いていない事だ。WEB限定、つまり「WEBライター」と呼ばれる職業についている事になる。実際、週刊誌や新聞といった紙の媒体には取材をされた事があっても自分で書いた原稿を載せた事はほとんどない。つまりはこの本が僕にとっての紙媒体デビューという事になる。「何故紙媒体で書かなかったのか」という事については後述するけれども、ここでは僕の仕事の一部を紹介したい。

❶

これが僕の仕事だ（写真❶）。「裸をインターネットに晒すのが仕事」と言った理由はここから来ている。僕は銭湯が死ぬほど好きで、銭湯のよさを世間で広めたいと思ったのでこの記事を書いた。これの何がすごいかって、**醜い体型をした汚いオッサンが銭湯に浸かっているだけの記事でしかない**からだ。「古いタイプのライター」なら「おっさんを湯船に浸けても誰も喜ばないから、もう少し綺麗な女子大生やモデルなんかを使いませんか」なんて編集部に提案しているに違いないし、「おっさんが風呂に入る記事を書きます」と言ったところでマトモな編集部ならブチ切れると思う。しかしながら実際のところはこの「おっさんが風呂に入る記事」を書く事によって原稿料を得ているのでこれも立派な仕事と言える。他にもこういうものがある。

❷

これは現役の千葉市長である熊谷俊人氏と「シムシティ」というゲームで対決している時の写真だ（写真❷）。

何故こんな事をしているかと言うと、「シムシティ」という街づくりゲームのプロモーションのために行った企画で、「街づくりのプロである現役の市長はゲームでも街づくりが上手いのか？」というのを検証するために千葉市長にご協力頂いたのだ。

ちなみにこの企画はインターネットで爆発的にウケて「シムシティ」がその日のトレンドワードに入ったりダウンロード数も死ぬほど伸びて代理店もクライアントも大喜び、いろんな人に褒めて頂いたし、前述した銭湯の記事でも取材させて頂いた銭湯の店主から「お客さんが増えた」と大層喜んで貰った。「風呂に入る仕事」「市長とゲームをやる仕事」なんて言ったら「こいつ頭大丈夫か?」と思われるかもしれないけど、実際これで収入を得ているのだから仕方ない。僕のやりかたが「古いタイプのライター」とは少し違う事がわかって貰えるかと思う。

❸

更にはこんなのがある。トップAV女優であるところの紗倉まなさんをはじめ、超有名AV女優の皆さんとガチ童貞を合コンさせる、という記事だ(写真❸)。これはAVメーカーのソフトオンデマンドの全面協力で実現した企画で、「AV女優と童貞が合コンしたら面白いんじゃないか」という居酒屋で酔っぱらった時に話すようなしょうもない思いつきからスタートした。これもインターネットで爆発的にウケ、とんでもないアクセス数を稼いだ。どうみてもAVの企画にしか見えないけど、実際のところは下ネタが含まれてるとは言え18禁の記事ではないし、出演して頂いたAV女優さん達が脱いだりするわけでもない。この

「ＡＶ女優と童貞の合コンをプロデュースする」というのも、やはり古いタイプのライターの仕事の範疇からは離れているかもしれない。

とりあえずはこの三つの代表的な記事について紹介したのだけど、他にも「24時間テレビの１００㎞マラソンが本当に大変なのか試す」「42・195kg背負って42・195㎞走る」「大阪でひたすらたこ焼きを食べる」「三輪車で都内一周する」といった記事もある。あとは何故かテレビ朝日と組んでＣＤデビューしたりもした（写真❹）。

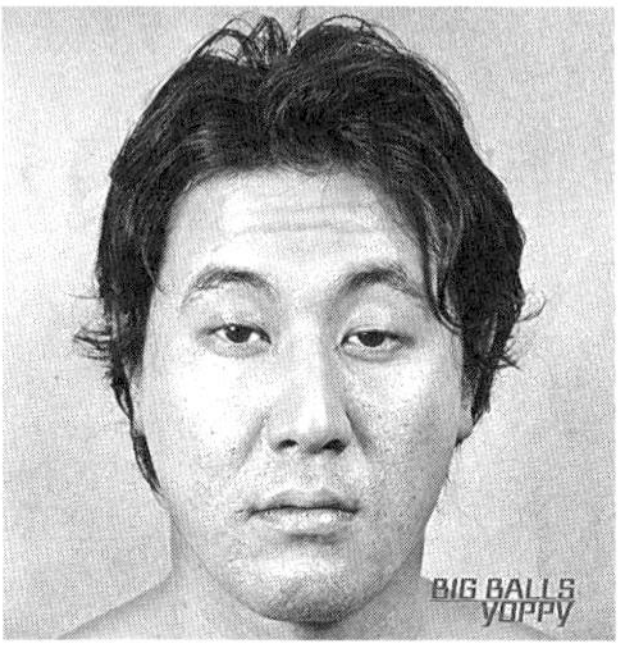

❹
Photo taken by Masakazu Usui（Ex Records）

こうやって自分の仕事を紹介している上で、僕が皆さんに何を言いたいかと言うと、要するに僕は

「好き放題している」

という事だ。基本的に記事の企画は自分で考えるので、自分がやりたい事しかやらない。「沖縄に行きたいなぁ」と思えば沖縄ネタを考えればいいし、「美味い焼肉が食べたい」と思えば焼肉の記事を書けばいい。実際にそうやって公私混同して作った記事なんていくらでもある。もちろん経費は全部出るし、お金だって貰える。サラリーマンをやっていた頃に比べて、労働時間が半分になって収入が倍以上になった。効率から言えば4倍以上である。ハッハッハ。羨ましいだろう。

とは言え落とし穴もある。「京都に行きたいなぁ」と思っていたのでHONDAから原付のPRの仕事の依頼が来た時に「原付で東京から京都に行く」という企画を立てた事があり、スーパーカブ1台を貰って意気揚々と東京から出発したら片道36時間かかって流石《さすが》にその時は「やめておけばよかった」と思った。

あとは「ハワイに行きたいな」と思ったので、ハワイにある、溶岩に近寄れるスポットに行って「溶岩でチャーハンを炒めると美味いか検証する」という企画を立ててクラ

イアントに提出したら「これ、ヨッピーさんがハワイに行きたいだけですよね？」と見透かされて却下された事もある。何事もやりすぎはよくない。

とりあえずは日々そんな感じで暮らしている。「やりたい」と思った事はだいたい実現出来るようになったし、「会いたい」と思った人にもだいたい会えるようになった。サラリーマン時代とは比べられないくらいに収入も増えた。嫌な上司もいないし、嫌な仕事もない。イベントを開けば多少なりともチヤホヤして貰えたりもする。面白い仲間達と面白い事をして暮らす、というある意味では理想的な生活を実現出来ているかもしれない。自慢で申し訳ないけど、**事実なんだからしょうがない。**

新卒で入った会社の仕事が死ぬほどつまらなかった話

今の自分について書いたところで、今度はサラリーマン時代について書きたい。関西学院大学を1年留年して卒業した僕は、某商社に新卒のサラリーマンとして入社した。「商社」と言っても三井物産や三菱商事といったいわゆる超巨大総合商社なんぞではなく、いわゆる専門商社である。とは言え一部上場企業で年商ン千億円、業界トップシェアの大手企業で割と歴史もある会社だ。

大阪出身の僕は東京勤務を希望し、研修を終えて晴れて東京本社に配属されることになる。自分で言うのもアレだけど、研修中の成績は相当よかったんだろうと思う。事業部と勤務地が双方共に希望通り配属された人間は同期の中で僕ともう一人だけであって、そのもう一人の人間も明らかに優秀なやつだったからだ。そんなわけで23年間住んだ大阪を出て東京で暮らす事になった。**結論から言うと仕事が死ぬほどつまらなくて7年後に退社**する事になる。

入社してすぐの頃、「新入社員研修」というのをやらされた。期間は2週間である。僕が配属された事業部は物流なんかのシステムも担っていたりするので、**「現場を見てこい」**という事で物流拠点、つまりは田舎にあるでっかい倉庫みたいな所に飛ばされる。海外から入ってきた荷物がどうやって仕分けられ、どうやって出荷されてお客さんの所に届くのか、上流から下流まで全部見ておけ、という事なんだと思う。

確かに、パソコン上、帳簿上だけで右から左にモノを動かすより、実際の現場を見てから働いた方が理解が早いのかもしれない。そうやって某県にある倉庫に意気揚々と出勤した僕が、いの一番にやった仕事が「鉄骨を洗う事」だったのである。「鉄骨を、洗う……？」最初は完全に意味がわからなかった。

倉庫には「重量ラック」と呼ばれる、ゴツイ鉄骨を組んで組み立てるラックがある。それこそ人間の身長の何倍もあるようなでかい骨組みで、そういったものを組んで出来上がった棚に商品をしまっておくのである。組み立て式になっているのは倉庫のレイアウトを変える時にいじくりやすいからだと思う。とにかく、その事業部に配属された20人の同期の前に、何mもあるゴツイ鉄骨が100本くらい並べられたのだ。

「じゃあ、このホースから水が出るから、デッキブラシで洗ってね」

倉庫の偉い人が僕達に向かって言う。

「あれ？　この人は頭がおかしいのかな？」と思った。だって、鉄骨をブラシで洗う事と物流の仕組みを知る事はなんの関係もないからだ。

なのに何故こんな指令が下りるのか。恐らくこういう背景だ。本社の、誰か偉い人が「新入社員どもに現場の苦労を思い知らせい！」みたいな事を言う。そうすると次に偉い人が「ははーっ！　おっしゃる通りでガス！　では連中を現場にブチ込みましょう！　おい君ィ！　すぐ手配したまえ！」。

そうして晴れて送り込まれた新入社員が20人。困るのは現場の倉庫の人達である。仕事のシの字も知らない、右も左もわからないような若造が20人も大挙して現場にやってきたところで、端的に言えば「邪魔」の一言に尽きる。何かを教えるにしても、教える人の手間もコストも当然かかるのだ。忙しい現場を放置して新入社員にかかりっきりになるわけにもいかない。「この連中を、どうするべきか……」。そこで倉庫のえらい人は起死回生のミラクルを思いつくのである。

「そうだ！　鉄骨洗わせとこ！」

かくして我々新入社員は鉄骨をデッキブラシでひたすら洗い、倉庫の人は新入社員を放置して自分の仕事に取り掛かる事が出来、本社のえらい人達は「現場を知る事は大切だからねぇ！　ウムウム！」と満足するのだ。めでたし、めでたし、である。

最終的には僕ら新入社員チームは作業担当を割り振り、流れ作業のルーチンを組む事で劇的に速く鉄骨100本を洗い上げたのだけど、**鉄骨をひたすら洗った僕達のその後の仕事でその経験が役に立った事は一度もない。**マジで、一度もないのだ。

会社には往々にしてこういった理不尽な事が起こり得るのだ。新入社員にありがちな**「理不尽の洗礼」**というのは恐らく古い大企業であればあるほど顕著に現れたりするもので、例えば以前ネットで**「承認印を押す時は、左に少し傾けて押す」**という謎ルールがある企業の話を見た。ハンコを左に傾けると、その左に鎮座する上司のハンコに向けてお辞儀をしているように見えるのだ（写真❺）。

正直、その話を見た時は「さすがにウソでしょ？」くらいに思ったのだけど、ネット

❺

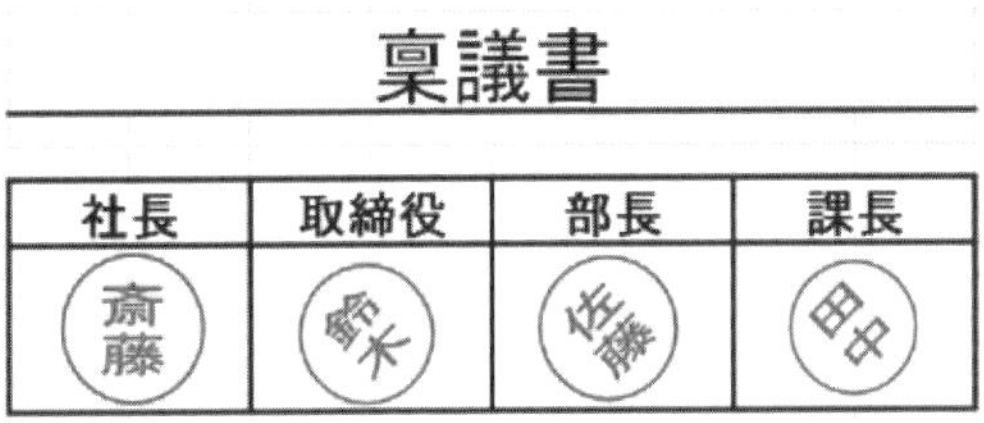

の反応を見てると「あるあるw」「ウチもそうだった」みたいな書き込みが続いていたりして驚愕した。こういう意味不明な、頭の悪いとしか言いようがないルールがまかり通っている会社がこの平成も随分過ぎた時期になってても現存するのである。

こんな無意味な事に気を遣うくらいなら新しい企画でも考えた方がどう考えたってマシだ。みんな真面目に仕事に取り組んでいるはずなのに、シャブ中がラリった時の思いつきにしか聞こえない「ハンコを左に傾けよ」などという摩訶不思議なルールが何故か実装されていたりする。物流の仕組みを学びに来たのに、何故かデッキブラシで鉄骨を洗う作業ばっかり上手くなる。会社という組織の欠陥としか表現のしようがない。

会社でふざけちゃいけないのは当たり前、なのか？

もうひとつ思い出話をしたい。僕がいた会社には田原さん（仮名）という割と仲のいいひとつ上の先輩がいた。この田原さんは今風の超イケメンなのに尋常じゃないくらいのドMで、当時付き合っていた彼女に、「おい、田原」と日常的に呼び捨てにされて喜ぶような人間である。僕もしょっちゅう田原さんのドMぶりをネタにしていた。しかながらこの田原さん、その彼女にこっぴどく振られたらしい。土曜日に休日出勤していて田原さんに出くわし、その事を知った僕は、田原さんを励まそうと、ネットで適当に拾ってきた、ブリーフ一丁でガチガチにロープで縛られていた中年男性の写真に、「いじめてくれる女王様募集中！　連絡ください　090−×××−○○○○　世界のM男　田原」という文言を入れて印刷。「これを町中に貼ったら新しい彼女出来るんじゃないですか？」と田原さんに見せに行ったのだ。

田原さんは「おい！　やめろって〜！」なんて言いながら僕からその紙を奪い取ろうとオフィスを走り回り、キャッキャしたやりとりでひと笑いあったあと、「いやいや、遊んでる場合ではないな」と僕も田原さんも我に返って仕事に戻った。

そしてその日はすっかりその田原M男写真の事なんて忘れていたのだが、翌週の月曜日に出社してみると男性社員が集まって何やら深刻な顔をしている姿が見えるのである。

僕「どうしたんですか？」

課長「**田原を誹謗中傷する怪文書が出回ってる……**」

すべてを察した。そして顔面が蒼白になった。僕が田原さんに手渡した紙を田原さんが自分の机の上に置きっぱなしにしていて、それを月曜日に出社してきた別の社員が見つけたらしい。田原さんに対する嫌がらせだと受け取ったのだろう。

結局出社してきた田原さんと僕が事情を説明し、とりあえず騒ぎは収まったのだけど、あとから部長に目ん玉が飛び出る勢いで怒られた。それはもうすごい勢いで。「ウソでしょ？」っていうくらいに怒られた。高校の体育教師だってあんな怒りかたはしないと思う。「会社の備品でしょうもない画像を印刷したのが問題だ」と言う。会社のパソコンを使って私的作業をするのもダメだ、と。まあ確かにそれは正論で、僕としては申し開きのしようがないし、これを読んでる人は「それはお前が悪い」と思うに決まってるんだけど、その時の怒られかたが尋常じゃなかったので僕はこの件を境に「会社でふざけるのは一切やめよう」と心を閉じてしまうのである。スネた、と言ってもいいかもしれない。

この一件がある前から、「会社って、ひょっとしてふざけてはいけない所なのではないか？」という事実に薄々気づきはじめてはいたけど、それが確信に変わったのだ。

他にも飲み会の席で、「学生時代はバックパッカーでインドをまわっていた」という課長の話を聞いて**「バックパッカーでインド行くやつってだいたいマリファナ吸いますよね」**みたいな事を言ったら、これまたあとから主任に呼び出されて「お前は課長に向かって何言ってんだ！　失礼だろ！」とこっぴどく怒られた事もある。これなんかはいまだに「それくらい別によくない？　だって事実じゃん」くらいに思っている。

そういう事の積み重ねで、会社でふざける事を一切やめた僕は会社からどんどん「浮いて」いくのだ。飲み会にも付き合い程度にしか顔を出さないし、社員同士が休日にゴルフだの麻雀だのに行くのに、誘われても一切顔を出さない。7年働いて会社を辞めた、と書いたけど、周囲の人達は「たぶんあいつそのうち辞めるだろうな」くらいには思ってただろうな、と今では思う。

明らかに僕は会社で浮いていたし、それを隠すつもりも、修正するつもりもなかった。

当然そんな環境でがむしゃらに頑張れるはずもない。8割くらいの力で日々の業務をこなしつつ、「その内転勤の辞令が出るかな」くらいに思っていたのである。そして転勤の辞令が出たら会社を辞めるつもりでいたのだ。そういう僕の態度は仕事にも表れていて、僕がいつも課長に怒られる時に言われていたのが「お前はいつも80点の仕事をしてくる。たまには100点取れるまでやり切ってみせろ。出来るくせにやらないのが一番問題だ」という事だ。「すいません」なんて言いつつも、内心では「80点を100点にする労力で、もうひとつ80点くらいの仕事が出来るやん」くらいの冷めた見方をしていた。僕が上司でも僕みたいな部下がいたら嫌だろうな、と思う。

個人のやりがいがない方が、組織が上手くまわるという不幸

他にも会社にはいろいろと問題がある。いわゆる「古い大企業」の仕事なんて、はっ

きり言って**時間さえかければ誰にでも出来るもの**がほとんどだ。

そりゃそうだ。「その人にしか出来ない仕事」は再現性が低いし、属人性が高い、と言って嫌われる。どういう能力の人であれ誰でも、担当すればある程度は結果を出せるような仕組みを作るのが会社の使命と言ってもいい。「その人にしか出来ない大事な仕事」が社内にあるのなら、それを「誰にでも出来るように仕組みを作り替える」のが組織の論理で、これが「個人のやりがい」と明確に対立する概念になる。

結局のところ、ひとつの歯車であるサラリーマンからすれば「誰にでも出来る仕事」にはあんまり誇りを持って取り組めないのだ。「これは俺にしか出来ない仕事だ」と信じながら進む方が楽しくやれるに決まっている。もちろんそういう「その人にしか出来ない仕事」はどこの会社にもあるし、そういう「替えのきかない人」は確かに存在する。でも、会社としてはそれをそのまま放置する事を「リスク」だと捉えるだろう。「組織の論理」とはそういうものであるし、そうでなければいけない。

これによって**組織が優れていれば優れているほど、個人のやりがいは搾取される仕組み**になっていると言っていいかもしれない。

ただし、これをもって「組織」を批判するつもりは全然ない。「まあしょうがないよな」くらいに思っている。組織として仕事をこなす以上、「誰にでも結果を出せる仕組み」を作るのは当然の使命とも言えるからそれはもうしょうがない。

ただし、その「組織の論理」と「個人のやりがい」は構造的、本質的に対立する概念になっているというジレンマについては心にとどめておくといいかもしれない。歯車のスペアは多いほどいいのであって、規格は統一されている方が使いやすいのだ。**「尖る事」「突出した人材」なんて本質的には誰も求めていない。**

「チャレンジする人材が欲しい」なんてセリフはどこの企業だって言うけれども、就職活動中に真っ赤なスーツで面接を受けに来た奴は真っ先に落とされるに決まってる。変に尖った歯車なんて、会社にとっては使いづらいのだ。**だからこそ僕らは「会社で働く」という事に対して息苦しさを感じる。**大学にいた頃は賭け麻雀とパチスロ、そしてインターネットにどっぷりハマって好き放題して留年までした僕にとって、その「一部上場」「老舗企業」なんていう**統一された規格の部品**を求める企業の居心地は悪すぎたのである。

そんなわけで入社早々、研修を終えて1年が経った頃には「この仕事、一生やるのは無理だな」と明確に思っていた。だって、別に僕ひとりが頑張ったところで会社の業績に大した変化はないし新入社員の僕がやれることなんて、別に僕じゃなくたって出来る仕事なんだもの。

先輩が言う。
「お前ら新入社員が何かしでかしたところで、会社はビクともしないから好きなようにやってみろ！」
「はい！　喜んで！」

そうやって「よし！　じゃあ好きにやるか！」と思って一点ものの商品サンプルを組み立てる時に好き放題やったら思いっきりぶっ壊れて目の玉が飛び出るかと思うくらいに怒られた。「好きにやれって言ったくせに！」「言ってる事とやってる事が違いすぎるじゃないか！」と思う。でも大抵はこんなものである。もちろんそうじゃない会社もたくさんあるんだろうけれども、大多数の実情はこんなものではないだろうか。

ただし、別に僕が入った会社が「悪い会社だった」と言うつもりはない。単に僕には合わなかった、というだけの話だ。仕事もそこまで激務でもないし、給料も普通以上には貰えたし、会社の仕組みに不満はあっても嫌な上司も特にいない。むしろいい人達ばかりだったように思うし、他の人達にとっては「いい会社であった」というのもある面では正しい。実際離職率は低かった。

逆に言えば「日本の会社なんてだいたいそんなもの」という事になるわけで、それはあんまりいい話ではないのかもしれない。どこの会社もそうであるならば、つまりは僕みたいにひとつの会社に適合しなかった人間の行き場所がどこにもない事になるからだ。いろんな企業に散っていった大学の同級生達もだいたい似たような悩みを抱えている。そんなわけで「一生続けるのは無理」とは思ったけど、積極的に辞める理由もない。だって、「どこもだいたいそんなもの」なんだから、会社を辞めたからと言って、新しい会社でそれが改善される保証はない。今の会社が、「給料が安すぎる」「激務すぎる」

「上司が嫌な奴すぎる」なんてふうに、「わかりやすい辞める理由」があれば別だけど、幸か不幸かそういう明確に辞める理由が当時の僕にはなかったし、仕事以外の部分における新しい東京の生活は楽しかった。だから、「転勤の辞令が出たら辞めよう」という結論を出すことにした。仕事がつまらなくても「この会社にいたら東京に住んでいられる」というメリットがまだ残っていたからだ。結局転勤の辞令が出るまで7年かかるのだけど。

日本の大企業は何故ダサいのか

書いた通り、新入社員として東京の事業部に配属された僕ですが、「よーし！　バリバリやったるでぇ〜！」という当初の意気込みとは裏腹に、どんどん仕事に対してやる気を失いはじめる。何せ、仕事が絶望的につまらないのだ。興味を持てない、と言ってもいいかもしれない。「なんでこんな非合理的な仕事をするのか」と思う事も多々あった。ただし、それは僕が変わってる、という事ではなく、古い大企業で働く普通のサラリーマンは誰でも出くわすようなよくある話だ。

非効率的なのは書類上の問題だけではない。会議だってそうだ。僕は営業職なので毎月の月末には数字の報告会みたいなのがあった。営業が一人ひとり、事前に用意した売上の集計表を睨みながら、「今月は○○さん（得意先の名前）が約8000万、△△さんについてはコンテナの納品が2週間遅れた事もあり、当初の見込みより500万のマイナスの見通しです」みたいなのを営業全員でやるのだ。それを偉い人が聞いて「まずいな。ではその500万円分の売上をどこかの得意先でカバー出来ないか」「私の得意先が1000万のプラスで推移しているので問題なくカバー出来そうです。ただ来月がその分厳しいかもしれません」「ふむ。では来月の数字はどういう見込みかね？」みたいなものを、朝から晩まで、丸一日かけてやるのである。**「いや、数字の推移なんて、そんなもん事前に共有しとけや」、っていう話である。**

売上の推移や見込みなんて、全員の前でわざわざ発表する意味あるのか、と思うわけで、事前に共有のエクセルのシートにでも全部放り込んでおいて、数字のチェックを済ませた上で「さあ、どうする」というところから会議をスタートさせればいいのに、何故か毎月毎月「○○は3000万円の見込み」なんて読み上げさせるのだ。完全に意味不明な風習だけど、誰もそれに異義を唱えないのが不思議でしょうがなかった。500万売上が足りないのであれば、営業全員で一日得意先をまわれば本来は楽勝でカバー出来るのである。**会議室に籠って何がしたいのかサッパリわからなかった。**そしてその退屈な会議中に居眠りするとめちゃくちゃ怒られるのである（当たり前だけど）。

他にも、会議で使う資料を任され、あれこれ数字をはめ込んで作ったものを持っていくと上司や先輩から**「部長が読む書類だからちゃんと作れ」**などと言われる。エクセルのレイアウトやパワーポイントの装飾にこだわり、部長が10秒見るだけの資料を作るために僕が1時間かけて残業するのだ。

稟議《りんぎ》書も紙の書類に、修正のきかない複写式のシートを使って記入し、課長に提出して最終的な決裁が下りるまで2週間かかったりする。ある時、どこでもメールチェック出来るように仕事用にGmailを使おうと思い、クライアントとそのアドレスでやりとりしてたら課長に呼び出されて「会社のアドレスを使え」とこっぴどく怒られた。そのせいでメールをチェックするためだけに朝早く、もしくは夜遅くに会社に行く羽目になるのだ。営業なのに「セキュリティの問題」と言ってノートパソコン厳禁という意味不明な規則もあった。会社でしかPCを触れないのだ。そのため、お客さんにプレゼンする時には大量の紙を印刷して持っていって「では8ページを開いてください」なんてやるのである。どう考えてもアホである。流石に会社側も「これはマズい」と思ったのか、決裁のスピードを速めるためだとか業務の効率化とかなんとか言って、二桁億円というとんでもない金額を大手システム屋さんにブン投げて新しいシステムを構築するのだけど、新しいシステムが稼働してからでもやっぱり稟議の決裁が下りるまで2週間かかった。なんのための二桁億円なのか完全に意味不明である。

そして、何より「終わってるな」と思ったのが、「稟議書の決裁が下りるまで2週間かかる」という仕事上の欠陥を、「ウチは一部上場企業だから仕方ない。中小と一緒にするな」みたいなノリで、「決裁に時間がかかる」事を少し誇るような言いかたをする人達が社内にいた事である。この変化のスピードの速い時代に、2週間のロスを「痛い」と思えないという事が重症なのだ。ちなみにこれらの出来事はもう10年も前の話だけど、これを読んでいる皆さんの会社も、ひょっとしたらいまだにこういうよくわからない慣習に囚われているかもしれない。この感覚はいつまで経っても理解出来なかった。

ノーギャラでも「オモコロ」の仕事を続けた理由

その頃の「会社で浮いてるサラリーマン」であった僕を支えていたのがインターネットの存在だ。元々、僕は19歳の頃に作ったテキストサイト、今で言うブログみたいなものだけど、「オレイズム」という名前のサイトを運営していて、**「嫌いな上司を空想で惨殺する日記」みたいなひどい内容の文章を垂れ流していた**のだけど、その日記が何故かまああ人気があったので、当時出来立てのお笑いポータルサイト**「オモコロ」に「書いてみない？」と誘って頂いた**のである。

ちなみに、今でこそ10周年を迎え、月間1000万PVを稼ぎ、ビジネスとしても成立してWEBメディアの中では異色の存在感を放っているオモコロだけど、当時は弱小もいいところでビジネスとしても全く成立しておらず、基本的にはノーギャラである。補足しておくと「たった1000万PV？　少な！」って思われるかもしれないが、月にン千万っていうアクセスを集めるサイトは大抵一日に何度も更新するし、いろんな媒体に配信して、ひとつのページをいくつも分割してアクセス数を増やしていたりするので、オモコロみたいに平日限定、一日に特集記事を1本しか出さず、外部配信もしてないサイトで月間1000万PVというのはけっこうすごい数字である。

そのオモコロで僕は「チ◯ポの形をした手作りチョコを作る」「国会議事堂の前でオナニーをする」といったひどい記事を連発するのですが、「国会議事堂の前でオナニーって流石にウソでしょ？」って思うかもしれないのでぜひGoogleで「国会議事堂　オナニー」と検索してみて欲しい。たぶん一番上に僕が書いた記事が出てくるので本当である事がわかると思う。

そういった身体を張った、ある意味では人間としての尊厳もかなぐり捨てた記事を書きながらも、お金を貰えるどころかノーギャラ&撮影経費すら出ないというひどい有様だったので**書けば書くほどお金がなくなる、という摩訶不思議な怪現象が起こる。**

それなのに締切が近づいてくると副編集長から「原稿まだ？」っていう催促のメールが届くわけで、それに対して僕が「ごめん！　もうちょい待って！」なんて返信して恐縮してたんだけど、今思えばギャラもないのに何故あんなに恐縮していたのか不思議としか言いようがない。更に補足しておくと今のオモコロはちゃんとしっかりしたギャラを払ってくれています。

それでも当時はサラリーマンとして給料も貰っており、多少無駄使いしたところで生活に影響が出るわけでもないので自腹を切って嬉々として記事を書くのである。編集長と一緒になって記事のネタを考え、土日になるとカメラをかついでえっちらおっちら撮影する。

会社でふざける事を封印された僕が、うっぷんを晴らすかのように、精一杯インターネットでふざけていたの

だ。そしてそれがもう、めちゃくちゃ楽しい。そりゃあそうだ。「誰がやっても同じ」であるサラリーマンとしての仕事に比べて、当たり前だけど僕の文章は僕にしか書けない。記事がウケれば「ヨッピーさん！　ファンです！」っていうコメントがたくさんつく。会社の仕事をしていて取引先から「ファンです！」なんて言われる事はほぼないだろう。

そして申請から承認まで2週間かかる会社の稟議書と違ってインターネットはすべての反応がダイレクトで、そしてスピーディだ。**やりがいがないわけがない。**もちろんそんなひどい記事をインターネットに書いている事は会社には一切言わなかった。僕は表の「会社員」としての顔と、裏の「ひどい記事を連発するライター」という顔を完璧に使い分けていたのである。真面目な顔して会議に参加している一方で、国会議事堂の前でオナニーする記事を世に出すのだから、当時の上司がこの事に気づいていたら卒倒していたかもしれないし、8時間くらいド説教を食らった上で減俸処分、始末書だって書かされただろう。その時は「国会議事堂の前でオナニーをしてすいませんでした」みたいな反省文を100枚くらい書かされるのだろうか。書きたくねえな、それ。

上司や恋人に責められても、「オモコロ」の仕事を続けた理由

確かにオモコロでの活動はやりがいがあったし楽しかったけれど、その一方で「もうやめようかな」と思った事がないと言えばウソになる。何せやればやるほど赤字になる意味のわからないシステムだし、そもそも本業の仕事だって決して暇《ひま》ではないのだ。当たり前だけど毎日会社に行かなければいけないし、土曜日に出勤する事も多かった。オモコロで記事を書いていたのは月に1回程度だったけど、空いた日曜日に撮影して、次の日曜日に原稿を書くとなると、忙しい時期で土曜日出勤をしている頃なら月に4回しかない貴重なお休みの内、2日を潰す事になる。これはけっこうつらい。

更には当時お付き合いしていた女性にも「たまのお休みくらい私と遊ぶ時間を取れ」と言われるのだ。これで残りの休日も潰れてしまう。「自由な時間がない」というのはけっこうつらかったように思う。恋人にも「インターネットであんな事をするのはもう

やめろ。恥ずかしい」「国会議事堂の前でオナニーするなんて気が触れてる」などと言われる。そりゃあ言われる。僕だってそう思うわ。思わない方がおかしい。

更にはオモコロで目立ったおかげでチラホラ他の媒体から「ウチでも書いてよ」みたいな依頼を頂いたりもするようになったけど、サラリーマンとオモコロをやりながら他の媒体でも書く、なんて不可能である。時間がないのだ。だから来た依頼をすべて断った。そうなると、結局オモコロでいくらウケたところで、当時の僕はライターになるつもりなんてまるでなかったし、お金も儲からないし、時間ばっかり取られるお金だってなくなる恋人の心も離れてゆく。当時は「趣味」だからまあいいんだけど、じゃあこれで結婚して子供が出来て更に時間を取られるようになったらオモコロに割《さ》く時間はなくなるかもしれない。子供に「お父さん、恥ずかしいからインターネットで変な事をするのをやめて」って言われるかもしれない。子供がGoogle検索を覚える日を恐れながら日々を過ごさなくてはいけない。オモコロだっていつかやめさせられるかもしれない。

「いつか終わりが来るもの」に対してモチベーションを保つのはけっこう難しい事はた

ぶん皆さんにも理解出来ると思う。ダイアモンドは永遠の輝きだからいいけど、3年経つとウンコみたいな色に変わるダイヤモンドなら皆さんだってあんまり欲しがらないと思う。ではなぜ、それでも僕がオモコロをやめなかったかについて書いておこうと思う。

人は幸せになるために生きている

「幸せってなんだろう」と考えた事がある。美味しいものを食べる事なのか、それとも旅行に行く事なのか。高い服を着る事かもしれない。でも、その時の僕が出した結論は「笑っている事」だった。そりゃそうだ。みんな笑ってる時は誰しもが幸せだろうと思うからだ。笑いながら「いやー、不幸で不幸で」みたいな事言う人がいたら完全に頭がやられてる。つまりは**「幸せになる」という事は「よく笑う」という事とイコールなのかな、と今でも思うわけで、**じゃあ、どうしたらたくさん笑えるようになるか。結局のところは「人」なんじゃないか。

想像してみて欲しいんだけど、例えばあんまり好きじゃない、つまんない人と一緒に高い料理、伊勢海老やフグちりなんかを食べるのと、自分が大好きな、楽しい人達と安い、学生向けの居酒屋で食べるのと、どっちが楽しいのかっていう話だ。もちろん楽しいのは後者だ。これに異論を唱える人はあんまりいないんじゃないかと思う。

結局、「何を食べるか」よりも「誰と食べるか」の方が一層重要で、それは別に食べ物じゃなくたってだいたいの事柄においてそうだ。つまんない人と一緒にハワイに行くより、楽しい人達と箱根に行く方がきっと楽しいだろう。「ワガママな和田アキ子とハワイ」「優しい石原さとみと箱根」、結論は言うまでもないわけで結局は人なのである。つまり、僕は楽しい人生を過ごすために、面白い人達と一緒にいる必要があると思ったのだ。そして、その環境を僕に与えてくれたのがオモコロだった。

そりゃあ、お金も儲からないのに、でもなんかバカな事をやりたいと思って一生懸命に無駄な作業を続けている連中が集まって出来たのがオモコロだ。面白くないわけがない。

例えば以前、オモコロのみんなで河口湖のほとりに「合宿」と銘打って30人やそこらでコテージを借り切って1泊2日の旅行に行った。でも、やっぱりオモコロのみんなで行くのだから「普通にはしたくない」という思いがあるわけで、そこでオモコロを運営する株式会社バーグハンバーグバーグの社長であるシモダテツヤに「なんかやろうぜ」と僕がこっそり持ち掛け、その席上で**オモコロのライターの一人である「セブ山」の服を全部燃やすというドッキリ**を仕掛ける事になった。

当日、セブ山が大浴場に行っているスキに、セブ山が脱いだ服を入れたカゴからTシャツにジャケット、スニーカーからパンツに至るまでそっくりそのまま拝借し、Zippoのオイルをかけて BBQ用のコンロで盛大に燃やしたのである。流石にそのまま全裸で過ごさせるのは可哀想なので、**フィギュアスケート用のフリフリの衣装と、これまたフィギュアスケート用のスケート靴をカゴに入れておいた。**ちなみにその衣装もスケート靴もけっこう高くて、合計すると8万円かかった。僕とシモダテツヤで割り勘にしたのだけど。

お風呂から上がったセブ山は最初こそ「あれ？　僕の服どこですか？」と騒ぎ立てていたのですが、その様子を見て笑う僕達を見てすべてを悟り、おとなしくフィギュアスケートの衣装に袖を通し、燃やされる自分の服を大騒ぎしながら眺めたあと、結局1泊

2日の合宿をずっとそのままの恰好で過ごし通したのだ（写真❻）。

こんな話をしたところで普通にパワハラだし、普通の社会では許されない事はわかっているし、外部に出したら炎上するだろうな、と思って記事にもしなかったんだけど、それでもオモコロの人達はそれを「よし」とする空気を持っていて、燃やされた張本人であるセブ山も「おいしい」と思ったのかそのあとずっとフィギュアスケート姿で寒い動物園内を徘徊《はいかい》するという荒業《あらわざ》に出て僕らの期待に応えてくれたのだ。

以前いた会社では先輩のちょっとした悪口をプリントアウトしただけで目の玉が飛び出るくらいに怒られたのに、オモコロでは友人の服を全部燃やしてもみんなゲラゲラ笑っているのである。実際、その時は「今年一番笑った」などと言ってる人がたくさんいたし。何より僕が一番笑ってたのではないだろうか。そういう場所を提供し続けて

❻
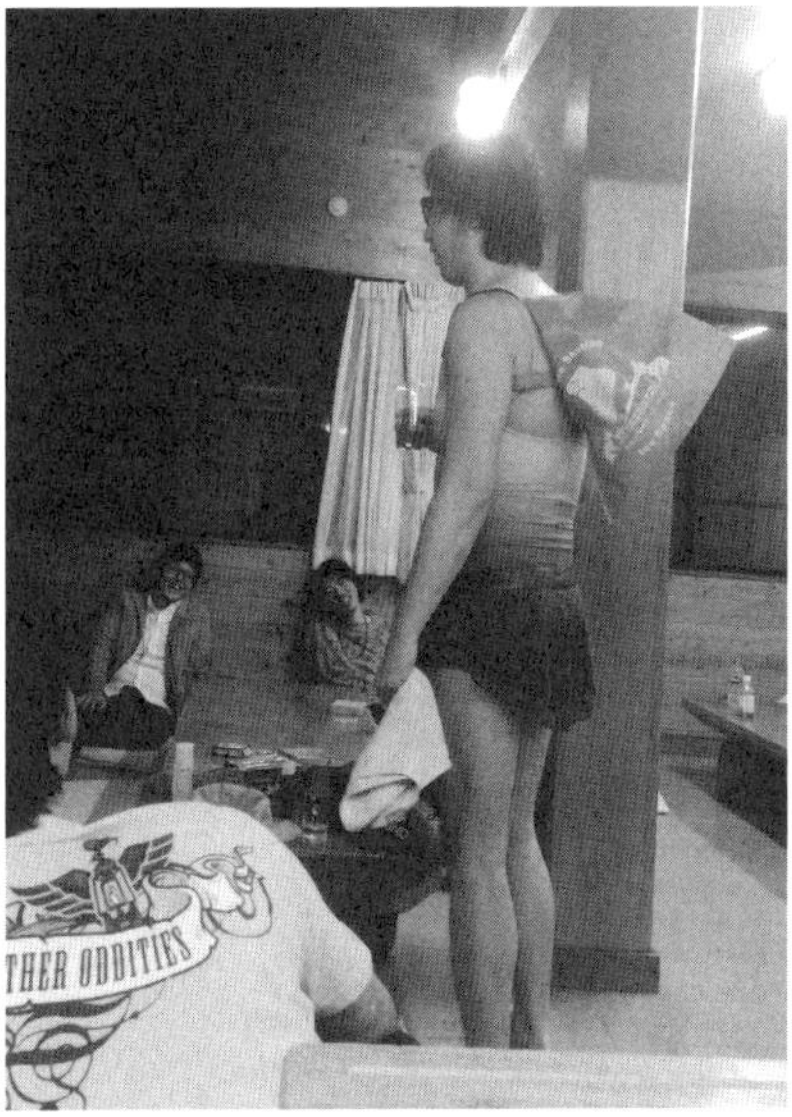

くれたのがオモコロなのだ。言わば、僕がオモコロという場所を借りるために、原稿という場所代を払っているようなものだったのかもしれない。

三つ目の「オモコロ」で書き続けた理由

そんなわけで儲かりもしないのに続けていたオモコロだけど、他にももうひとつ大きな「続ける理由」があった。それは**インターネット上での「影響力」みたいなものを持ち続けていたかったた**からだ。オモコロで記事を書けば「ファンです」って言ってくれる人も増えるし、僕の事を知っている人も少しずつ増えていくだろうという算段があった。それに時代の流れもある。「これからインターネットの時代が来る」という事はもう確信していたし、事実オモコロのアクセス数は右肩上がり、あの世界的大スポーツメーカーであるところのＮＩＫＥから仕事が来たり、リクルートからＲ25（当時）の仕事が来たりと段々オモコロに仕事の発注も来るようになりつつあった。

前述した通り、僕は入社早々から「そのうち会社を辞めよう」と思っていたので、その、今後増えていくであろう影響力は絶対に手放してはいけない、と思っていた。オモコロで記事を書き続けてさえいれば、いざ「辞める」となった時に、読者の中で僕を雇ってくれる人がいるかもしれないな、という計算を働かせていたからだ。ホームレス寸前、くらいまでいってもギリギリごはんをごちそうしてくれる人とか、家に泊めてくれる人なんかが出るかもしれない。
だから、結局会社は辞める事になるのだけど、オモコロで書く事だけはやめなかった。

「やめなかった」と簡単に書いたけど、さっきも書いた通り「サラリーマンをしながら休日に撮影して原稿を書く」という作業はけっこう大変である。土日を潰して撮影をし、また土日を潰して原稿を書く。それでいてノーギャラに近いような報酬だし、そもそもオモコロでやってきた記事って作る事自体もけっこう大がかりで大変なものが多いのだ。

一度、街の中で『ウォーリーをさがせ！』のウォーリーの恰好をして紛れ込み、「どこにいるか探す」っていう「実写版ウォーリーをさがせ！」みたいなのをやった事があるのだけど、カフェの窓際にウォーリーの恰好をして座る僕を撮影者が店の外から撮影してたら、いきなり全然知らない女の人が「テメー！　この野郎！」とか言いながら**僕にヒザ蹴りを食らわしてきた**のである。完全に通り魔かと思ったのだけど、よくよく聞くとその女性が「盗撮しただろ！！！」などと怒鳴り散らしているのだ。なるほど、店の外からカメラを向けたせいで、近くに座っていたその女性が「盗撮された！」と思ったらしい。ただし、仮に写り込んでしまったとしても、店の外から引いて撮った写真におばちゃんが写り込んだところで何かしらの罪に問われるはずがない。

そんなわけで撮った写真を、キレまくるおばちゃんに見せながら「僕らは撮ってない！」と言い張ったんだけど、「データ消したんだろ！」とおばちゃんが引かないわけです。そこで流石に腹が立った僕は「じゃあもう警察に行こう。そこで言いたい事を全部言えばいい。少なくとも貴女が僕にヒザ蹴りをした事は事実だし、周囲の防犯カメラも確認して、病院行って診断書貰ってこっちも被害届出すからな」と言い張ったらおばちゃんがいきなりしおらしくなった。流石に「蹴ったのはまずかった」と反省したのかもしれない。結局おばちゃんは「ごめんなさいね」みたいな感じで謝りはじめ、何故か僕らを「お笑い芸人が町でコントの撮影をしていただけ」というふうに理解したらしく、

「頑張って、売れてくださいね！　応援してますから！」と言い残して渋谷の街に消えていった。完全に意味不明である。

他にも**渋谷でパンツを200枚配って警察沙汰になった事もある**し、撮影の途中でスッ転んで怪我をする事なんていくらでもある。「ライター」とは言っても家で文章を書くだけではないのだ。そりゃもうなかなか大変である。

そして、会社を辞めた

転勤の辞令が出た日の事はよく覚えている。課長から「ちょっといい？」と呼び出され喫煙所に向かい、「転勤の辞令が出るから」と内示を受けたのである。行き先は仙台。「やっと出たか」と思った。僕は総合職の採用だったし、海外も含めて定期的に転勤がある会社だったので平均すると5年に1回くらいのスパンで転勤の辞令が出るのである。同期の連中もそろそろ転勤していない人間の方が少なくなってきていた頃の出来事だ。

そして課長から説明を受けつつも、もう内心では**「お、いよいよ会社辞める時が来たな」**と思っていて、次の日の朝には課長に「退職します」という旨を伝えるのである。課長も部長もビックリしていたけど、特に引き留められるわけでもなかった。

前に書いた通り、上司の人達もみんな「こいつはいつか辞めるだろうな」という目で僕を見ていたからだ（たぶん。なんとなくの雰囲気で）。送別会もやって貰ったような記憶があるけど、詳しいところはあんまり覚えていない。とにかく上司に辞める事を伝え、そこから引継ぎだのなんだのっていう作業に追われ、有休を消化している内にあっさり退職する日を迎える事になる。

ただし大失敗だったな、と今でも後悔するのは退職の日付をあと1週間ズラしておけばボーナス支給の対象になっていた事に気づいたからだ。その1週間のズレで100万円近く損した計算になるので**皆さんも会社を辞める時はちゃんとボーナスの支給日を計算してから辞めた方がいい。**

タガが外れたら、むしろ儲かるようになった

会社を辞めた当初は、今みたいにライターとして生計を立てよう、なんてこれっぽっちも思ってなかった。書く事は続けながらも、適当にYahoo!とかドワンゴとか、いわゆる「インターネットの会社」に転職しようと思ってたからである。ネット活動はずっと続けていたし、それなりに詳しい自信もあったので「どこかが拾ってくれるやろ」くらいに、楽観的に考えていたのである。ドワンゴやサイバーエージェントには中途採用選考用の職務経歴書みたいなものを送りつけたりもした。**ドワンゴには部長面接で落とされ、サイバーエージェントには書類で落とされた**のだけど。その後ライターとしてまあまあ売れて、「WEBコンテンツならこの人！」みたいな扱いを受けて朝日新聞だのリクルートだの電通だの博報堂だので「ぜひ勉強会を開いてレクチャーしてください」みたいな事を言われるような身分になった今では「ケッ！　見る目がないやつらめ！」と憎まれ口を忘れずに叩いておきたい。

バーカバーカ！

そんなふうに、選考で落とされる一方で「ウチに来ませんか」みたいな事を言ってくれる人もいた。オモコロで「会社辞めたよ」みたいな事を書いたら何社かから打診が来たのである。結局は「なんとなく違うな」と思って断るのだけど、そうやってせっかく頂いたお誘いを断ったりしつつも、「まあ、退職金とか失業保険とか貯金とかで半年くらいはブラブラ出来るな」と思った僕はさほど性根を入れて就職活動をせず、更には会社を辞め、「会社にバレるとマズい」というタガが外れた僕はやる事がどんどん派手になっていき、iPhoneの行列にコスプレで並んでテレビのインタビューを受けたり、**ツタンカーメン展にツタンカーメンの恰好で一番乗りして夕方のニュースで放送されたりした。**そんな感じでオモコロで変な事を続けているうち、もっといろんな媒体から「ウチにも書いてください」と言われるようになった。サラリーマン時代とは違ってその頃は無職だ。「どうせ暇だしな」と思いつつそういう依頼をこなす内に、「あれ、これ、なんか知らんけど普通に食えてるじゃん?」くらいの感覚になってそのまま今に至る。

前述したように、会社を辞めた時は別にライターとして食おうなんてこれっぽっちも思ってなくて、とりあえず適当に食い繋ぎながら、大好きなインターネットの会社にでも就職しようと思ってたのが実情だ。ドワンゴとサイバーエージェントには落ちたけど。結局のところ、僕が今のように好き放題やってられるのは「オモコロ」という趣味の延長線上の媒体があったおかげだ。これがもし、「オモコロ」をやっていなかったとしたら、今頃は元々いた会社よりもっと小さな規模のブラック企業でコキ使われていたかもしれないし、そもそも「会社を辞めよう」とすら思わなかったかもしれない。インターネットという世界を知っていたせいで会社の非合理的な部分や存分にふざけられない事が我慢出来なかったけど、そもそもそういう活動をしていなければ「サラリーマンなんてこんなものだ」という部分で自分を納得させていたかもしれない。そういう人って、けっこう多いんじゃないか。

好きで仕方がない事を仕事にした方が断然強い

長々と自分について書いてしまったけれど、結局のところ言いたいのは「貴方も本業以外に何かやれ」という事だ。僕にとっての「オモコロで書く事」を皆さんにも見つけて欲しい。それはたったひとつの趣味で構わない。その「趣味」が「仕事」に変わった時、「趣味が仕事」というのはそれだけで大きなアドバンテージになるからだ。

「好きな事でお金を稼ぐ」。どこかのYouTuberみたいな言葉だけれども、決してそれは夢物語ではない。僕は好きな事を仕事にしたし、僕のまわりにいる人達もそうだ。**趣味でお金を稼ぐ事って、今の時代においては実はそんなに難しい事ではない。**僕は19歳の頃からインターネットで日記を書いていて、もちろんそれは誰かにお金を貰うわけでもないので純然たる「趣味」である。でも、その趣味が高じてこうやってライターとして生きている。「趣味」が「仕事」に変わったのである。

日々の生活は冒頭で書いた通り、自分のやりたい事をやって行きたい所に行き、食べたいものを食べ、それで何故かお金を貰えるという最高の状態なのですが、なんで僕がこんなにも余裕をぶっこいていられるかと言うと、結局**「インターネットで文章を書く事」を誰よりも愛してる**からなのかな、と思う。**「キッショ」「何が愛だカス」「死ね」なんて罵詈雑言が飛んできそうだけど、でも事実なんだから仕方がない。**

普通に考えれば「趣味の延長線上でやってる仕事」なんて、その道のプロには太刀打ち出来なそうなのに、何故か僕は今「日本で一番数字を持ってるライター」なんて言われたりする。ライターなんてそれこそ日本に佃煮にするほどいるし、僕がインターネットでどうしようもない文章を垂れ流していた頃から「プロ」としてお金を貰って職業としてやっていた人達だってもちろんいる。

でも、そんな人達でも残念ながら「ネットでウケる事」に関しては僕よりもあまり上手くないのだ。その人達からすると「国会議事堂の前でオナニーしてまでウケたくないわボケ」って言われるかもしれないけど。でも、同じ業界で僕が尊敬している人達の例を挙げると、デイリーポータルZという老舗お笑いサイトを率いる林雄司さんだって元々は個人のHPを好きにやっていた人だし、ARuFaという爆発的な数字を取る、今の日本で群を抜いて突出した実績を残しているライターも元々はただの学生ブロガーだ。どちらも「職業ライター」から出発した人達ではない。それなのに、この二人にはプロが束になってかかっても勝てない。プロなのに、だ。

結局のところ、**「嫌々やってるプロ」と「好きでしょうがない素人」が勝負したら素人が勝つことの方が断然多いの**

ではなかろうか。例外なのはプロ野球をはじめとするプロスポーツくらいのもので、でもあれも野球やサッカーが好きで好きで仕方ない連中の集団だからだと思う。でも、スポーツ競技以外のジャンルに関しては「自分の仕事が好きじゃないプロ」がたくさんいる。大企業勤めのサラリーマンなんて大抵はそうじゃないか。僕だって会社勤めをしていた頃はある意味では「プロ」だったわけだけど、お客さんと一緒に家で賭けマージャンはするわ、お客さんと示し合わせて「商談」「視察」っていう名目で海まで遊びに行って海鮮丼食べてるわでまあロクなものではないわけで、営業として優れていてとんでもない成績を残していたかと言うとそうでもない。「営業のプロ」だった僕と、「ネットで文章を書くという趣味が仕事になった僕」を比較して後者の方がどう考えても実績を残せている事を考えると、「やっぱり好きなものを仕事にした方が強いんだな」と思う。だって、好きなものだったら四六時中その事を考えてても苦にならないからね。サラリーマンとして、9時から18時までの時間だけその事を考えてるやつと、寝ている時以外ずーっとその事を考えてるやつが戦ったら絶対後者が勝つに決まってる。

だから、「仕事になり得る趣味」をみんな持った方がいいのだ。そしてそれが本業になれば、きっと大きな実績だって残せる。だから、貴方がまだ「天職」を見つけていないのであれば、何かをはじめなければいけない。

第二章

趣味をお金に変えよう

こっそりと二足のわらじを履こう

そんなわけで僕が言いたいのは「皆さんもなんかやれ」ということだ。そしてそれは「副業」という形でスタートするのがいいと思う。「よし！　じゃあ僕もなんかやろう！」と思って貰うのがこの本の趣旨ではあるのだけど、だからと言って僕が言う事を鵜呑みにして**「よし！ 明日会社辞めよ！」って決断するのはまだ早い**し、「パンストが大好きだから会社辞めてパンスト専門店作ろ！」とかいうのも早い。

僕がサラリーマンをしながら「オモコロ」で記事を書いていたように、貴方にも本業と並行して「趣味」を徐々に発展させていく事をお勧めしたい。「仕事がつまらないならサラリーマンなんて辞めちまえ！」なんて軽々しく言う人もいるけれども、「社畜か？それとも起業か？」なんて極論もいいところだ。あんなものは無責任なクルクルパーだから言える事であって、貴方の事を親身になって考えれば「会社、辞めれば？」なんて気軽に言えるセリフではない。**もっとマイルドな選択肢が他にもあ**

るんだぞ、という事を僕は言いたい。

僕も7年間サラリーマンをやっていただけに「サラリーマンを辞める」なんてそう簡単にはいかない事はよくわかる。辞めるのは簡単だけど、じゃあ辞めてからどうやって食っていくのか？　失敗したらどうする？　親にはなんて説明する？　資金は？　家を借りる時の保証人はどうするの？　などなど。それに僕は「サラリーマン辞めたって楽勝や」と結果的には思っているけれども、運にも恵まれたな、という自覚はあるので全員が全員起業して成功するだろうとは当然思っていない。

だから会社を辞めて退職金を全額突っ込んでパンスト専門店を作るのはあまりにもリスクが高すぎる。まだ会社を辞めずに、こっそりと趣味の延長線上、あくまで副業として事業を開始する事をお勧めしたい。それには大きなメリットがあるのだ。

とは言え、すぐに稼げるなんてうまい話はないわけで

サラリーマンを辞め、「さあ、好きな事で稼ぐぞ！」と意気込んだ人がまず最初に、そして必ず通るのが**「稼げずの谷」**である。サラリーマンを辞めた、好きな事で食おう、それはいいのだけど、最初から順調に稼げる事なんてまずないだろう。働いても働いても単価は上がらず、サラリーマン時代の貯金も徐々に減っていく。趣味のキャバクラも週に1回から月に1回に減る。スーパーの安売りの時間にやたらと詳しくなる。この「谷」は起業した誰もが通る道なのだ。期間の長い短いはあるにしろ、全員、必ず通る、と言ってもいいかもしれない。

例えば**僕がサラリーマンを辞めてすぐの頃の、ライターとしての月収は4万円である。**4万円て。高校生のバイト代かよ。ちなみにサラリーマン時代の年収は600万円くらいはあったので、単純計算で収入が12分の1に激減した計算になる。これが要するに「稼げずの谷」である。僕の場合は割とすぐに収入が増えて脱出出来たけど、多くの人はこの「稼げずの谷」を乗り越えられず、貯金が減り、自信もなくなって、結局は元のサラリーマンに戻ったりする。ブランクがあるせいで以前より待遇の悪い会社に入り、ひょっとしたら以前のサラリーマンのままの方が収入も高かったかもしれない。

だからこそリスクを避けるためにも、まずは副業という形で趣味を発展させる事を考えるべきだ。僕が稼げずの谷を割とあっさり越えられたのも、サラリーマンをしながらオモコロでライターとして活動していた実績があったから、というのがものすごく大きい。あれがもし、ライターとしてなんの実績もないまま、スパーンと会社を辞めてしまっていたらたぶん今頃は「貧乏YouTuber」みたいな感じでモヤシ炒めの実況動画なんぞを作ってたかもしれない。再生回数は20だ。

「生活の安定」と「自己実現」を両立させる事が「趣味で生きる事」の成功例だと言えるけど、多くの場合、最初からそう上手くいくものではない。なのでサラリーマンとしての収入で「生活の安定」を維持し、もう一方の趣味で「自己実現」を追求すればいい。僕が営業マンとライターという二足のわらじを履いていたように。そうすればやっている内に「やっていけそうか、ダメそうか」「自分が向いてるか、向いてないか」くらいはわかってくると思う。

例えば漫画家になりたい人がいたとして、「サラリーマンやりながら漫画なんて描けない」なんて言うかもしれないけど、そういう人は最初から漫画家という仕事が向いてないのかもしれない。何故なら、**僕の周囲にいる漫画家として成功**

している人達は、本業の漫画を描く息抜きとして全然関係ない4コマ漫画を描いたりしてるような、暇さえあれば漫画ばっかり描いてる連中だからだ。人間性としては終わってる人間も多いのだけど、でもそうじゃなきゃ漫画家になんてなれないのかもしれない。自分でも一度、漫画を描きながらサラリーマンをする、みたいな生活をやってみて、その上でそういう連中と戦えそうだな、と思うなら続ければいいし、ダメそうなら方向転換すればいい。会社を辞めてない限りは軌道修正をかける事は全然難しくないしどうにでもなるだろう。

「会社を辞めて、本気で取り組まないと専業には勝てない」みたいな事を言う人もいるけど、あんなのは完全にウソっぱちなので無視しておけばいいと思う。当時サラリーマンで副業としてインターネットで記事を書いていた僕より、インターネットでウケていたプロのライターが何人いるのか、という話である。もちろん貴方にとって「これこそが一生の仕事だ！」と思える事に出会い、「そこで絶対勝ってやる！」くらいに思えるようになれば仕事を辞めてそっちに専念すればいいし、そうじゃないとなかなか競争に勝てないと思う。でも、まだやってもない、自分が向いているかどうかもわからないようなものにサラリーマンを辞めて飛び込むのはリスクが高すぎる。

友人で、今や売れっ子漫画家になって、フォロワー数80万人を超える鴻池剛《こうのいけつよし》くんも、元々は一介のサラリーマンで仕事の合間にTwitterに漫画をアップしていたのが何万とリツイートされ爆発的に人気になった。言わば本業の片手間で売れた、とも言える。なんでも単行本はあっという間に50万部売れたらしい。ちなみに鴻池剛くんはなかなかへビーな環境で生まれ育っていて、ホームレスになって新宿を徘徊するような生活をした経験がある人間なのだけど、単行本が売れまくり、キャラクターグッズなんぞもあちこちで売り出されているので、収入はえげつない事になっているはずである。今、一冊の漫画で50万部売れる漫画家、関連グッズまでゴリゴリ売れちゃう作家、なんて専業にだってなかなかいないだろう。もちろん本人はものすごく努力をしているんだけど。鴻池剛くんのケースを見ても、会社を辞める、なんていう多大なリスクを背負う必要なんてないのだ。

飲食店がやりたいなら土日を使ってバイトで潜り込んでみればいいいし、農家をやりつつ自給自足生活がしたいならとりあえず会社勤めをしながらギリギリ通える田舎に引っ越すなり、週末農家なりを体験すればいいのだ。会社を辞めるなんて大きなリスクを取らずに、まずは副業からスタートするレベルで全然構わない。

「そうは言っても、会社には副業禁止規定があるし……」なんて人もいるかもしれないけど、ぶっちゃけそんなものは無視して隠れてこそやればいいのだ。本業とバッティングするような分野ならマズいけれども、ブログで稼ぐとかネットオークションで稼ぐとかイベントで収益をあげるとか、それくらいのものならあまり派手にやらない限りは会社だってゴチャゴチャ言わないはずだし、そもそもこの「副業」については国の政策として後押ししようみたいな雰囲気もあるのでその辺のしがらみは今後解消される方向に向かっていくはずである。**会社が自分達を守ってくれない時代になっているのだから、いつまでも会社に対して忠誠を誓うのはバカの所業である。**

せっかく会社を辞めたのに、

やりたくない仕事をやる羽目にならないための心得

前項で書いた通り、「まず副業からはじめる」というスタートの切りかたをする事についてはまず「リスクを減らせる」というメリットがある。

そしてそれ以外にもうひとつのメリットがある。それが「やりたくない仕事をしなくて済む」という点だ。サラリーマンを辞めて独立したとして、まず最初に訪れるのが「稼げずの谷」だというのは前項でも言った。「稼げずの谷」に落ちるという事はつまり、「食わなきゃいけない」というプレッシャーと戦う事でもある。

サラリーマンを辞めた以上、どうにかして生活費を稼がなくてはいけない。「サラリーマンを辞める」となると圧倒的に自由になるような響きを受けるかもしれないけど、それは大きな勘違いで、実際にはこの「食わなきゃいけない」という強烈なプレッシャーが個人をがんじがらめにする。自由なんてどこにもない。やりたくない仕事、単価が安い仕事、実績にならない仕事を嫌々でもこなさなくてはいけない。それはきっと「ペコペコ頭を下げるような仕事なんてもうごめんだ！」と言って会社を辞めてから気づくだろう、「頭を下げるだけで給料が貰えるなんて、なんていい仕事なんだ」って。自由になりたくてサラリーマンを辞めたのに、辞めた途端にサラリーマン時代以上の不自由が待っているなんて事はザラにある。

「サラリーマンを辞めてブログ一本で生活します！」「僕はブログで自由に生きるんだ！」みたいな人達が最近はちらほら出てきていて、「僕は自由です！」「満員電車とはおさらばダ！」「サラリーマンなんてくそくらえ！」みたいに調子こいてる人達がいるのだけど、そういう人達はみんな「今月はいくら稼ぎました」とか「こうして稼げるようになりました」みたいな記事、そしてアフィリエイトのリンクをずらずら並べた記事ばかりを書き、「ブログで稼げるコツを教えます！　月に５０００円から！」みたいな事を言い出すのは単純にそういう記事を書いて信者を作り、信者からお金を巻き上げないと生活が出来ないからだ。型にハマるのを嫌ってサラリーマンを辞めたのに、今度は「ブロガー」という型にハマる。チンカスみたいな話である。

でも、副業として、趣味の延長線上でやるのであれば、そんなふうなしがらみに囚われなくて済む。

実例をひとつ紹介しよう。僕が会社を辞めてライター業務を細々とやりだした頃、とある占いサイトから「書いて欲しい」というような依頼が来た。そのサイトは「開運グッズ」みたいなものを紹介するようなサイトで胡散臭い事この上ない。今の僕ならこんな仕事は絶対に断るしなんならメールも無視するのだけど、なんとなくその会社が家から近いし、そもそも当時は仕事が欲しくてたまらなかったので軽い気持ちで打ち合わせに行ったところ、めちゃくちゃしつこく頼まれて渋々仕事を受けてしまったのである。

ちなみにギャラは1本1万5000円で経費もコミだと言う。その時の企画は「**開運グッズを死ぬほど身に着けて競馬に行ったら勝てるのか？**」というものである。勝てるわけがない。頭おかしんじゃねぇか、って思った。

勝てるわけがないし、そもそもその競馬の軍資金も**自腹**なのだ。「もし勝ったらヨッピーさんの取り分にして頂いてけっこうなので……」当たり前だ。自分のお金で競馬やって勝ったお金まで取られたら本当に意味がわからない。そもそも、1万5000円で船橋の競馬場まで行く交通費と、軍資金1万円で計算したら僕のギャラなんてほぼ丸ごと残らないのである。本当に断ればよかったとあとから死ぬほど後悔するのだけど、結局「仕事を依頼したい」という甘い言葉に釣られて打ち合わせに行ったせいで押し切られてこの企画をやるハメになった。

結果的にギャラ全額を競馬で溶かし、当然僕の手元には1円も残らない。「何しに来たんだっけ……」と絶望しながらも、やはりこんな目に遭ったのは「会社を辞めてしまっていたから」であります。会社員として安定した生活を送っていたのであれば、「仕事だ」「稼がなきゃ」というプレッシャーに負けなくて済んだのだ。あの時の編集さんに、今だからこそ言っておきたい。あの時のギャラ、くれよ!

そんなわけで副業としてやっていればその「稼がなきゃいけない」という呪縛に縛られずに済むし、制作に対してある程度のコストをかける事も出来るだろう。

プロとして一枚1000円のイラストを10時間かけて描いてたらはっきり言ってアホだしそれで生活出来るわけがないんだけど、生活が安定してさえいれば副業として一枚1000円のイラストにいくら時間をかけても生活に困る事はない。つまり、「生活が安定しているからこそ、クオリティを追求できる」という側面があるのだ。そしてそれがそのまま貴方の実績になる。1本1000円のギャラで1000円のイラストを描いていればずっとそのイラストの値段は1000円のままだけど、1000円の仕事でも1万円の価値があるイラストを描いていればそのうちギャラが追い着いてきて1万円のギャラを貰えるようになる。

ただし、**大事なのはちゃんと「自分の実績を世に発信する事」**だ。ハイクオリティな仕事をこなしつつ、「これが自分の仕事だ」と発信する事も同時に行わないといけない。自分の名前が世に出ない仕事ならクオリティの追求はあんまり意味がない。それを見た人が貴方にたどり着かないし、新しい仕事も生まれないからだ。

エンジニアでもイラストレーターでも漫画家でもなんでもいいのだけど、仕事をしたら仕事をした分だけちゃんと「これは俺の仕事だ!」というのを世間に見せつけよう。Twitter やFacebookなどでの発信も同時進行で行うべきだ。逆に言えば自分の名前が出ない、ただの受託案件ならクオリティを追求しても仕方がない。イラストや漫画ならTwitterで定期的に発信して「俺のクオリティはこれだぞ!」と見せつければいいし、エンジニアならブログで仕事について書けばいいと思う。

「クオリティ」と「発信」が両立していれば絶対にギャラはついてくる。僕が自分が書く記事は必ず**「こんにちは。ヨッピーです」**という出だしではじまり、自分の顔写真を入れる事にしている。自分の写真を毎回載せていると「ヨッピーさん太ったね」などと僕の体重の増減にまで気を配ってくれる人が現れるのは完全に大きなお世話だし、おまけに「汚いオッサンの顔なんて見たくない」なんて暴言を書き込まれたりするのだけど、これは**「この記事は俺の作品だぞ」というのを知らしめる意図もあって続けているの**である。だから、新しい仕事が増える。会社を辞めるのはそうなってからでもじゅうぶん間に合う。事業を立ち上げる、趣味で稼ぐ、という事を目指す過程において、出発からサラリーマンを辞める必要なんてどこにもない。

「好きなものが見つからない」という人は、単にまだ気づいていないだけ

副業から開始する事のメリットは既に書いた。次は貴方の中にある、「何をお金に変えていくのか」、という部分についてここから考えていきたい。もちろんそれは貴方の好きな事であり、趣味の延長線として捉えられるものがいいだろう。何度も言うが「それが好き」という事ほど強いものはないからだ。逆に言えば好きじゃないものを仕事にしても続かないし、仮に続いたとしても、楽しくない。僕だって好きでもなんでもない、毛嫌いしていると言ってもいい「赤ワインが美味しいバー」みたいな記事をひたすら書かされたら発狂して頭をモヒカンにしてバーボン片手に西に向かうと思う。

ただし、ここでひとつだけ考えておいて欲しい事がある。**「なりたい」という気持ちと「やりたい」という気持ちはまるで別物**だ、という事だ。「お笑い芸人になりたい」のと「お笑いがやりたい」という事も同じく全然違う。例えば僕に向かってよく「ライターになりたいです！　どうしたらなれますか！」みたいなことを言ってくる人がいて、そういう人に僕は必ず「じゃあ、書いたものを見せてください」って言うのですが、高確率で「まだ何もしてません！」とか言うわけです。完全に意味不明である。

「プロ野球選手になりたいです！　でも野球やった事ないです！」なんてやつがいたら完全に頭がおかしいやつだと思うし、「いや、ごちゃごちゃ言ってないでとりあえずやれよ！」って話なのですが、どうもライターに関して言えばそういう理屈は通用しないらしい。結局のところ、そういう人達は「ライターという職業に憧れているだけ」であって「文章を書きたい」わけではないのだ。ここに大きな溝がある。お笑い芸人だってそう。お笑いをやりたいのであれば今はYouTubeもあるし撮影機材だって安い。コントでも漫才でも自分達で撮ってネットに上げちゃえばいい。「お笑いがやりたい」のであれば別に吉本興業に入る必要なんてない。**「吉本興業に入らないとお笑いがやれない」なんて法律はどこにもない。**やりたいならやればいいのだ。歌だってそうだ。別に音楽事務所に入らなくたって、自分達で作曲して演奏したものを広く公開する手段は今ならいくらでもある。それなのに、まだそれをしていない、もしくはしたくないのであればきっとその「貴方のやりたい事」は本質的にズレているのだ。お笑い芸人になってテレビに出て女優と合コンしたい、とか、バンドで売れて女にモテたい、とかそういう俗っぽい事を想像しているんじゃないだろうか。「やりたい事」と「なりたいもの」は明確に違う。ライターになりたい人が文章を書いた事がないのはお話にならない。文章を書いた事がないのに何故「ライターになりたい」と言えるのか。実に摩訶不思議の世界観である。

これを踏まえてまず貴方の「したい事」「するのが好きな事」を洗い出そう。しつこいようだけど、「アイドルになりたい」とか「お笑い芸人になりたい」なんてものは本質ではない。「なりたいもの」じゃなくて「したい事」を考えて欲しい。自分の中にある純粋な気持ちを洗い出すつもりで。

例えば僕は文章を書く以外にも銭湯や温泉に行くのが好きだ。暇さえあれば銭湯に行くし、なんなら週に5回くらいは行く。つまり、僕は「銭湯に行くのが好き」なのだ。そんな僕なら、都内にある銭湯に全部行ってそのすべてのレポートを書けばまあまあのアクセス数が稼げるようになるだろうし、「銭湯ライター」みたいな枠で媒体から声がかかる事もあるかもしれないし、「本を出しませんか」って言われるかもしれない。実際「銭湯の本書きませんか」っていう話が来た事もある。この本を書いてる真っ最中だったので「えへへ。僕今ちょっと手一杯でヤンス！」って断ったのだけど。貴方も、貴方の中のこういうものを探す事からはじめるといい。「ゲームが好き」「アニメが好き」「風俗が好き」でも本当になんでもいい。

「好きなものが全然ない」みたいな人がいるかもしれないけど、恐らくそれは貴方がまだその事に気づいてないだけなんだと思う。

以前、京都で大学生を集めた講演会みたいなのに登壇した時に、同じような事を言ってる人は確かにいて、「やりたい事が見つからない場合はどうしたらいいですか」なんて言う。そこで僕は会場の人達に呼びかけるわけです。「この中で、パラグライダーに乗ってみたい、っていう人はいますか?」会場の半分以上が手を挙げる。「では、今度はパラグライダーに乗った事がある人はいますか?」一気に手が下がる。残ったのは5人くらいだ。要するに「やってみたい事」は誰にでもあるはずなのに、それを実行するところまでいってないだけなんじゃないかと思う。パラグライダーをやってみたいのならやってみればいいし、やってみたら「これはすげぇ! これを一生の仕事にしよう!」ってなるかもしれない。

だから、まず「やりたい事が見つからない」なんて人は本当にやりたい事がないのか、よく考えて欲しい。パラグライダーに乗りたい、ウユニ塩湖に行きたい、アイドルのコンサートに行きたい。いろいろあると思うけど、**とにかく自分がやってみ**

たい事を一つひとつ書き出して100個くらい書いてみよう。それを実行していく内に「これだ!」というものが見つかるんじゃないかと思う。ここでもう一回言っておきたい。「なんでもいいから、とにかくやれ」と。

「生産する趣味」と「消費する趣味」の違い

さて、そうやっていろんなものにチャレンジしてみて、自分で「これだ!」と思える趣味を見つける事が出来たとする。ここで僕が勝手に定義づけた二つの趣味について書こうと思う。大雑把に分けて「生産する趣味」と「消費する趣味」だ。要するに「その趣味を通じてお金が稼げるようになる可能性がある、もしくは新しい人と知り合う可能性があるもの」がつまり「生産する趣味」で、逆に「その趣味を通じてお金が稼げるようになる可能性がなく、新しい人と知り合う可能性もないもの」が「消費する趣味」となる。

例えば僕が風俗に行くのが異常に好きだったとして、いろんなファッションヘルスなんかに突撃してテカテカした、満足げな顔で帰るだけならそれは単純に「消費する趣味」になる。だって、僕が風俗に通いまくったところで新しい人と知り合ったりお金を稼げたりする可能性はゼロに近いからだ。もちろん僕を接客してくれた女性と新しく知り合っているのかもしれないけど、そんなものは「風俗嬢と客」の関係でしかないし、仮に連絡先を交換したとしてもたぶん借金を申し込まれる。「母親が病気で……」「弟の学費が……」なんて言われて100万円の借金を申し込まれるし、貸したらすぐにブロックされて連絡が取れなくなる。そしてその借りた女性は歌舞伎町のホストクラブに通う。だからそんなものは「消費する趣味」でしかない。

けれども、仮に僕がせっせと風俗に通いつつ、その行程をブログに書き起こしたり、お気に入りのお店なんかについてレポートしたり、「地雷嬢の見分けかた」「パネマジの見分けかた」みたいな記事をせっせと書いたら、それによってブログの広告収入が得られるようになるかもしれないし、**「仙台のピンサロマスター」**とか**「名古屋のヘルス番長」**とかそういう同好の士と知り合えるかもしれない。

こうなると「消費型」が「生産型」に変わった、と言える。ここまで書いて、「いや、別に仙台のピンサロマスターとは知り合いたいと思わないな……」と思ったし、なんなら風俗で例えた事自体がだいぶ失敗している気がするので今度は映画で例えてみたい。

例えば貴方が映画を見るのが好きだとして、TSUTAYAで借りてきた新作の映画を見たとしよう。そのまま「あー面白かった」で済ませればそれは「消費する趣味」になる。だって、多くの場合それで誰とも知り合わないしお金が稼げる可能性もないからだ。これは別に映画館に行っても同じだ。料金はきっちり取られるけど、それによってあなたに何かしらの出会いがあるわけでもない。「でもナンパされるかもしれないし」みたいな反論はあるかもしれないけど、そのナンパは「映画を見る」という趣旨とはまるで違う文脈によるものなので、それはまた別の話だ。

でも、もし貴方が見た映画の感想やレビュー、採点をブログに毎回アップしたらどうか。ひょっとしたらそのブログに人気が出て広告を貼りつけることでお金が稼げるようになるかもしれないし、同じような趣味を持った人がコンタクトを取ってくるかもしれない。そうなるとこれが「生産する趣味」に変わる。他にも「映画鑑賞サークル」なんかを作ってもいいかもしれない。新作映画を、みんなで見に行ってそのあとレストランで感想を言うだけのサークルだとしても、それによって当然新しい出会いはあるはずだ。

「漫画を描くのが好き」という人も、ノートに漫画を描いて満足しているだけなら「消費する趣味」だけど、それをTwitterやブログに載せれば「生産する趣味」に変わる。

僕の銭湯好きだって、前述した通り銭湯に行ったレポートをブログでマメに書けば同好の士が集まったりいくばくかのお金になるかもしれない。ゲームが好きならゲームの実況動画をYouTubeにアップすれば人気が出るかもしれない。

大事なのは消費して満足して終わり、ではなく、**何かしらの「アウトプット」を世に対して続ける事**である。

僕が最初に手をつけた「生産する趣味」はつまり、インターネットに日記を書いて公開する事だ。当時19歳で大学2年の頃だと思う。それまではゲームセンターでゲームをするとか、賭け麻雀をやったりパチンコ屋に行ったりで、結論から言えば大学にもロクに行かない、完全無欠のクズ学生であって、「生産」とはほど遠い趣味、非生産的な趣味くらいしかなかった僕が、インターネットに出会い、世に対して文章を公開する事で「生産することの楽しさ」みたいなものを知るのである。極右を自称して「天皇陛下バンザイ！」みたいなひどい日記ばっかり書いていたのだけど、今、僕がライターとして生計を立てていられるのも、すべての根底にはこの体験があるからだ。お恥ずかしい話だけど、当時書いていた、今で言うところのブログは今でも現存しているので、興味のある人は「オレイズム」という単語で検索をかけてみるといい。「バイト先の店長がむかつくから空想上で惨殺する日記」とかそんなひどい日記しか出てこないけど。

そんなふうにして皆さんも手持ちの趣味を「生産型」に変えていって欲しいのだ。趣味をただの自己満足で終わらせるのではなく、もう一度言うけど他人に対してアウトプットするのが何よりも大事なのである。とにかく、発信しなければいけない。何せインターネットがあるのだ。誰でも手軽にアウトプットまで持っていける、この便利なツールを活用しない手はない。インプットより、アウトプットの方が何倍も大事なのである。それは最初は下手でも全然構わない。写真も下手だし、文章も下手だし、ユーモアもない、なんて人もいるかもしれないけど、アウトプットを続けていく内にどんどん上手くなるのは当たり前の話だ。もちろん意図的に人を傷つけるとかあたり構わずケンカを吹っ掛ける、なんてのはダメだけど、下手は下手くそなりにやっていく事で徐々に洗練されていくのは間違いない。**最初からホームラン打ちまくる野球少年がいるのか？ っていう話である。** 消費型の趣味を生産型に変えよう。

人に見られる事で、趣味は発展していくのだ

趣味を生産型に変えると何が起こるかと言うと、まずその趣味に対する姿勢が変わってくるはずだ。具体的には目標が出てくる。

例えばさっき言ったように映画に関するブログを運営するとしたらアクセス数が欲しくなるだろうし、「まだ見てない映画を見よう」というモチベーションにもなるはずだ。風俗なら**「新店レポお願いするっす」みたいなコメントに応じたくなるだろう。** 以前なら自分のペースで自分の思う通りに映画を見ていたのが、ブログにレビューを書きはじめると「更新まだですか？」みたいなコメントがついたりする。そしたら貴方は「映画見なきゃ」って思うはずだし、レビューを書くために今まで以上に真剣に、分析をしながら映画を見るようになるだろう。話題の映画ならいち早く見てレビューしようと思わないわけがない。

そうやってどんどん映画に対する知識が蓄積されてゆく。モチベーションも上がる。

「私を見ている人がいる」という事実が貴方の背中を押してくれるのだ。読者からのツッコミで新しい視点が見つかるかもしれない。これって僕が今現在進行形で実感している事でもある。

第一章の冒頭でも書いた通り、原付で京都に行くのは相当しんどいし、42・195kg背負って42・195km歩くのはもっとしんどい。でも、それをなんとかやろうと僕が頑張れるのは、僕がやっている事を何万人っていう人が見るだろうな、っていう思いがあるからだ。逆に言えば見ている人がいないのにそういう事をしでかす人間がいたら奇人変人のたぐいになると思う。例えば夜中に誰もいない所で、一人でバンジージャンプを飛ぶかって言えば、まあ飛ばない。友達が3人くらい下で手拍子してれば「飛ぼうかな」って思うだろうし、これがテレビで生中継されて満員の東京ドームでお客さんが手拍子してたらどんな臆病者だって飛ばざるを得ない。そうやって**アウトプットする事で「背中を押してくれる人達」がどんどん増え、どんどん実力以上の事がやれるようになる**のだ。生産する趣味と消費する趣味はその部分において圧倒的に違いが出る。

「人に見られる」と思ったら低いクオリティのものを出そうとは思わなくなるだろうし、自分でその事について「考える」機会が増える。素敵な映画を見たあとに、「その映画が何故素敵なのか?」と深く考えた事があるだろうか。恐らく、惰性で「消費する趣味」としてそれこそ映画を消費してたらそこまで深く考えないはずだ。だけど、ブログに載せるとか、映画サークルで話すとかっていう機会があればその「何故素敵なのか」という部分を深く掘って考えるに違いない。それによってあなたの「趣味」はどんどん研《と》ぎ澄まされてゆく。

さっきも書いた通り、写真が下手だから、しゃべりが上手くないから、文章が下手だから、なんて理由でアウトプットを諦める必要はない。続けていけば上達するからだ。「上手いか、下手か」で判断するのではなく、「好きか、嫌いか」で判断しよう。文章が下手でも書くのが好きならどんどん書いていけばいいと思う。それが1年続いたあと、振り返って見てみると自分の上達ぶりが目に見えてわかるようになっているはずだ。**僕もインターネットやりたての頃に書いていた文章なんてゴミクズみたいなものばかりである。**今でもゴミクズだけど。

情報は発信する場所にこそ集まってくる

更に「生産型」に変える事のメリットをひとつ。**「情報は発信する場所に集まる」**という事だ。これはもう絶対に間違いない事実である。

さっきも例えた通り、僕が風俗のレポートをネットに上げまくったとしよう。そしたら「大宮に出来た新店がすごいらしいっすよ」とか「吉原のソープが今半額キャンペーンやってますよ！」とか、そういう情報が集まる。「また風俗かよ」って言われそうなので別の例として、さっき言った通り貴方が映画のブログを開設して更新したとしよう。そうすると読者から「あの映画が面白いですよ」「今度試写会あるらしいですよ」など、映画に関する情報がたくさん集まってくるようになるはずだ。

これは別にブログじゃなくて映画サークルでもなんでもいいし、映画じゃなくてWEBデザインでも絵画でも同じだ。僕は以前、PC DEPOT、というあんまりよろしくない商売のやりかたをしていた会社に対する批判記事を書いた事があって、それがきっかけでその会社の株価が半分になったりとかまあけっこうな騒ぎになったんだけど、今までそういう「企業に対する批判」みたいなものはそんなに発信していなかったのに、それをきっかけにして**「〇〇っていう会社もあくどいので調べてください」**とか「こういう事があってすごく怒ってます」とかそういういろんなきな臭い情報がばんばん入ってくるようになった。「これをネタに記事を書いて、株を空売りしたら大儲けだグへへへ」なんて思わなくもないのだけど、僕はえらいのでその辺の欲求はグッとこらえているのだけど、この辺はたぶんジャンルが違っても全部同じなんじゃないかと思う。

個人投資家としてデイトレードで生活していたとしても、例えばその様子を毎日ブログで発信したら、株のいろんな情報が入ってくるようになるだろう。情報というのは発信する場所にこそ集まるわけで、受信一辺倒だと大事な情報はきっと入ってこない。バカみたいな顔して**起業家とか投資家とかのメルマガに登録して**

「なんか知ってるような気分」になっているようではまだまだなのである。情報を集めるためにも、やはり発信していかなければいけない。

趣味を「生産型」に変えるのはそんなに難しい事じゃない

そんなわけで言った通り、貴方は、貴方が見つけた貴方の「趣味」を生産型に変える必要がある。それは本当になんでもいい。今の時代はインターネットがあるから恐らくどんな趣味でも生産型に変えることが出来る。

手芸が好きならminneで自分の作品を売ればいいし、ジグソーパズルが好きなら組み立ての経緯を固定カメラでタイムラプス撮影してYouTubeにアップすればいい。料理が好きならレシピを公開すればいいし、バンド活動をやりたいなら自分達で音源やPVを撮影してアップすればいいのだ。そういうサイトは今ならいくらでもある。イラストならpixivがあるし、小説ならカクヨムもある。DJとしてイベントを開いてもいい。その過程においてどんどん貴方のスキルは洗練されていくんじゃないかと思う。

ただし、確かに一定の「面倒臭さ」はある。機材を揃えるのにお金だってかかるかもしれない。でも、ひと昔前に比べればその辺のハードルはグッと下がっている。スマホで撮っても、今ならじゅうぶん視聴に堪える綺麗な画質だしアプリやツールなんかを使いこなせば動画の編集も随分簡単に出来るようになった。**別に最初は雑でもいいのだ。**やっている内に段々面白くなって質にこだわるようになるんだと思う。そしてそのこだわりがその内プロを追い抜くようになるかもしれない。その**「プロにも勝てるな」と思ったタイミングこそが、貴方が会社を辞める時機**なのではないだろうか。

何度も言うけど、慌ててサラリーマンを辞めて、安定した生活を捨てる必要はない。

続けてさえいれば、お金はあとからついてくる

「趣味を発展させていく事」と「お金が儲かる事」がどう繋がるのかわからない、という人はいると思う。だけど、別にそこに対してそれほど深く考える必要はないと思う。

貴方の趣味が発展し、ファンや仲間が増えてきたら、「お金」というものは勝手に向こうから転がり込んでくるようになるからだ。

ブログが人気になれば広告を貼ってお金を稼ぐ事も出来るし、「ウチにも書いてください」みたいな依頼が来るようになる。YouTubeも同じく広告収入が得られるような仕組みがある。人気のあるイベントを作る事が出来ればマネタイズするのは簡単だし、わかりやすい事例だと**「Twitterのフォロワーが3万人を超えればなんだかんだで何かしらの「お金」に関わるような発注、打診が届くようになる**はずだ。

だから、そこから先「どうやってマネタイズするか」という部分に関しては今からあんまり悩む必要はない。「とにかく発信する」「とにかく自分のまわりに人を集める」という事に特化していれば、お金はあとからどうにでもなる。

会社を辞めてもいい三つの条件

さあ、そんなわけであなたが「これだ！」と思える副業を見つけ、そこそこお金が稼げはじめたとする。「じゃあこれを一生の仕事にしよう」と思えた時、どのタイミングで仕事を辞めればいいのか。条件を書いておこうと思う。

・会社員をしながら、副業で月に10万円以上稼いでいる事

「月10万円のハードル」みたいなものはあると思う。ただし瞬間最大風速ではなく、安定的に月10万円稼げるかどうか、である。半年くらい10万円を切らない月が続いたら条件クリアと見ていい。会社員として使える時間、平日の夜や土日限定で月に10万円稼げるのであれば、会社員を辞めてその時間を事業に突っ込んだら普通はもっと稼げるからだ。

ただし週末が稼ぎ頭になるＤＪやイベント系の仕事ならその限りではないかもしれない。「週末だけで月収超えるな」くらいの感覚になるまで待とう。とは言いつつも、僕が会社を辞めた時は衝動的に辞めたので、ライターとしての収入なんてその頃は４万円くらいのものであった事は改めて書いておきたい。そんな状態でよく辞めたな、と自分でも思う。

・1年間生活出来るだけの貯金がある事

具体的に言うなら独身者で３００万円くらいだろうか。**収入一切なしでも、とりあえず1年やっていける、くらいの貯金は絶対に貯めておいた方がいい。**ある程度の余裕がないと単価や条件の悪い仕事を受けざるを得なくなり、前述した「稼げずの谷」にハマってしまう可能性が高いからだ。

３００万円の貯金があって、月に10万の収入があるのであれば1年とは言わず2年くらいは過ごせると思う。逆に言えばその2年が経ってもサラリーマン時代の月給以上に稼げず、上がる見込みもないのであればすっぱり諦めてサラリーマンに戻ってまた次のチャンスを待つ方がいい。

・身軽になる事

具体的には月あたりの支出を少なく抑える事だ。既婚者より独身の方がいいだろうし、家賃などの固定費も安い方がいい。地方に住んでいて車必須、というのでない限りは車だって処分した方がいいだろう。仮に貴方がいわゆる高給取りで、サラリーマンとして毎月100万円の収入があって、かつ生活レベルもそれなりに高いのであれば、起業なり独立なりをする前に安い家賃の家に引っ越し、車を売り払うなどしてなるべく身軽になろう。

僕は元々物欲も少なく、「いい家に住みたい」「いい暮らしがしたい」という感覚が欠如した人間だったので、この辺に関しては最初からクリアしていた。会社を辞めて渋谷に引っ越してからも、だいたい月に15万円くらいの収入でなんとかやっていけるような生活スタイルである。詳細を書くとこんな感じである。

家賃：7万9000円　渋谷区道玄坂10畳1K
通信費、光熱費：2万円
その他：5万円

正確には15万円を超すような月もあったように思うけど、その辺は貯金を切り崩したりで過ごしていた。「お金」というのはゲームで言うところのヒットポイントのようなもので、ヒットポイントは多いに越した事はないし、毎月ジワジワそのヒットポイントを削っていく家賃や車というものは手放した方が生存率は上がる。「でもこの生活を手放したくないんだけど」くらいの感覚であるなら、たぶんサラリーマンを続けていた方がいいと思う。何度も書いているように、会社員を続けながら副業で自分の趣味を追求するレベルでもじゅうぶん楽しい人生は送れるからだ。

以上の三点をクリアした段階なら会社を辞めてもかなりやっていける確率が高いと思う。もちろんその副業が、会社員時代の仕事より「楽しい」と思える事が大前提だけど。

特にこの、**「副業で月に10万円の収入を継続」**っていうのは

本当に意識するべきで、例えば一日で2、3万円がたまたま儲かったからと言って、そのまま「一日で3万円儲かったなら、月に20日働いたら60万になるな。よし！　じゃあ会社員辞めよ！」ってなるのは明らかにリスクが高い。というかその計算はバカが解いた計算ドリルである。「やっていけそうだ！」と思えるまでは会社員という身分にしがみついたまんまあれこれ試行錯誤するのが賢いやりかたのはずだ。**かじれるスネは限界までかじろう。**

僕の収入に関する本当の話

ここまで書いた上で、自分の話で恐縮ですが僕のギャラの移り変わりについて書いておく。ひとつのモデルケースとして参考程度にとどめておいて貰えれば嬉しい。

まず、会社を辞める前、副業としてオモコロで記事を書いていた頃から、「ウチでも書いて欲しい」みたいな依頼メールをちょくちょく貰っていた事は書いたと思う。そして会社を辞めて暇になったので、今まで断っていたそういった依頼を受けるようになるのである。最初のギャラは原稿1本あたり1万5000円くらいのものだった記憶がある。1万5000円の記事を月に2本、あとはオモコロが1本1万円くらいだったような気がするので、僕のライターとしてのスタートは月収4万円というところからで極貧もいいところだ。とは言え、その頃は貯金もあるし、失業保険もあるし、「ライターで食べよう」なんて思ってもいなかったので、「まあ、次の転職までのツナギでいいや」くらいに思いながら細々と記事を書く事を続けている内、**半年経った頃から徐々に仕事の依頼も増え、Yahoo!なんかでの連載がはじまったりした**のである。

そうなると今度は月収が10万円くらいになる。月に使うお金が15万円なので、毎月10万円の現金収入があると貯金も5万円ずつしか減らない。そうなると300万円貯金があれば60か月、つまりは5年くらいは暮らせる計算になるし、この頃になると「俺、ひょっとしてライター向いてるのでは？」くらいに思いはじめ、就職活動を全然やらなくなった。まあ実際の貯金は300万円もなかったのだけど。

そしてライター2年目になると月に15万円を超えるようになり、「これだけで食える」みたいな状況になって今度は貯金が減らなくなる。3年目で年収にして400万円、4年目になるとサラリーマン時代の年収を優に超えた。今ではもう6年目になるのだけど、収入に関して言えばずっと右肩上がりで下がった事がない。ぶっちゃけサラリーマン時代の倍以上の収入である。

更に言えば「ライター」という職業は便利なものでなんでもかんでも経費に計上出来る。パソコンを買うのも、携帯代も、どこぞに出かけても全部経費である。家で仕事をするので家賃も半額は経費に計上してたりするし、沖縄に行っても別府で温泉に入っても取材で行くのだから経費になる。額面収入がサラリーマン時代以上で、その上「経費」みたいなものが加わってくると体感的にはもっと収入が増えたような感覚である。経費もひっくるめて「手元から出ていくお金」って考えるとサラリーマン時代の3倍くらいになってるんじゃないか。それでも、僕としては「そんなに金額にはこだわってないつもり」だし、余計な思いつきで予算をガンガンぶち込んで手取りがなくなったりしていてもその収入なので、たぶん稼ごうと思えばもっと稼げる。

振り返って考えてみると、会社員として月の収入を3万円上げようと思うとけっこうな努力を強いられる。率先して残業し、飲み会の幹事をやり、得意先の評判もよく、上司のご機嫌も取り、それでなんとか出世してやっと「月に3万円」というギャラのアップが認められるのに対し、フリーランスという身分になってみるとその「3万円稼ぐ」というのが「思ったより簡単」という感覚に変わった。だって、ライターとして駆け出しの頃の、1本1万5000円の記事ですら、一日1本書くとしても2日あれば3万円の収入増は簡単に実現出来るからだ。もちろん「駆け出し」とは言え、僕は10年インターネットで日記を書いていたし、オモコロでの連載もあったので本当の意味での駆け出しではないわけで、本当の駆け出しだと原稿1本500円なんて条件があったりするらしいのだけど、それでも「思ったより簡単だな〜」と思った事は事実である。そう、お金を稼ぐ事は、**勘所をつかんでいればそんなに難しい事ではないのだ。**この感覚は会社員を辞めない限りはわからないかもしれない。「収入を10%上げる」という事はサラリーマンの頃よりも、フリーランスの方がハードルは低いと思う。下手すれば口先三寸、**「もうちょっと色つけてくださいよ〜」と一言お願いするだけで10%の値上げに成功したりする**し、メール1本で予算が10万円増えたりするのだ。サラリーマンの月給はそう簡単には上がらない。

確認しておきたい。会社を辞める事のメリットとデメリット

・社会的信用の無さ

「会社を辞めた」と言ってもいい事と悪い事がある。その辺は事前に理解しておいた方がいいに決まっているので書いておきたい。悪い事の第一として、社会的信用が、無い。何せ会社を辞めたらいきなり無職、かつ月4万円の収入しかないフリーランスである。「一部上場企業様でござ〜い！」って感じだったのに、いきなり月収4万円の最下層に叩き落とされたのである。そりゃあクレジットカードの新規発行も賃貸契約も出来ないし、牛角に食べに行くのもちょっと躊躇する。渋谷で借りた家なんて、60歳を超える父親に頭を下げて保証人になって貰ったくらいである。カードだって、会社を辞めてしまえば審査に通らなくなるのはわかっていたので、会社に「辞める」と伝えてから有休消化している期間中に、**「ぼく、サラリーマンですねん」と、しゃあしゃあと2か月後には辞める会社の社名を申請用紙に**

書いて楽天カードを新しく作ったのである。何故なら、それまでの僕はクレジットカードは会社名義で作ったビジネスカードしか持っていなかったからだ。当然会社を辞めると返却しなければいけない。この時代にカードがないのは大変不便なので、「会社員」という身分を失う前に楽天カードを作っておいたのである。一度作ってさえしまえば、無職になったからと言ってカードを没収されたりはしないからだ。だからあなたも今、個人のカードを持っていないのであれば会社を辞める前にクレジットカードくらいは作っておいた方がいい。

・世間体の悪さ

そして次に世間体の悪さ。これは僕も悪いのだけど、会社を辞めた事は両親や周囲の人にも事後報告の形で行った。電話口で両親に「会社辞めたから」と伝えたら「えっ……」と母親が一言言ってそのまま5秒くらい絶句していた事を覚えている。何せ、転勤の内示が出た翌日の朝には上司に「会社、辞めます」と伝えたので、周囲の人に伝える暇なんてなかったのである。そんなわけで晴れて無職になったわけだけど、両親は当然ブツブツ言う。「あんた、これからどうするの」「あてはあるんか」などなど。「副業でライターしてる」とは両親に伝えていなかった（国会議事堂の前でオナニーする記事書いてるなんて言えるわけがない）ので、帰省するたびにグチグチ言われた。当時仲よくしていた女の子にも全然相談しなかった。「あ、会社辞めたで」ってなもんである。幸か不幸か、それでも周囲の人達の僕に対する態度は変化がなかったように思うし、僕は僕で無職の状態を「おいしい」と思っていたフシもあるのでこの世間体についてはあんまり悩まなかったのだけど、彼女がものすごく真面目だ、とか、両親が厳格だったりすると恐らくそうはいかないと思う。「これからどうする？」「仕事のあてはあるのか？」などなど、そういうプレッシャーを周囲から受ける事に対しては覚悟をしておかなければいけない。もし貴方の恋人が現実主義者だったりすると、「やりたい事があるから会社辞めるわ」なんて言ったら即座に振られる事もあり得る。

・孤独である

フリーランスは基本的には孤独である。そりゃそうだ。同僚も上司もいないから全部ひとりでやらなくちゃいけないし、ひとりで過ごす時間も増える。この孤独に耐えられるかどうか、である。

けっこう最近の話になるのだけど、「オモコロ」を運営する会社であるバーグハンバーグバーグに打ち合わせに行った時の事である。打ち合わせを終えて、僕がそのままパソコンを広げてあれこれ作業をしていたところ、バーグハンバーグバーグの社員である永田くんが「今日、飲みに行きましょうよ〜！」などと言い出した。「いいね！」と思った僕は手をまっすぐに伸ばして「行きた〜い！」とアピールする。しかしながら他に手を挙げた人はあんまりいなくて、「あれ、今日はナシかな？」とか思いつつも、まぁ自分の仕事を進めたのだけど、そうこうしている内に今度は社長のシモダテツヤが「じゃあ、そろそろメシでも行くか〜」などと言い出し、さっきの永田くんも含めて社員が何人かシモダについていく素振りを見せたのだ。当然僕も仲間に入れて貰えるものだと思い、彼らと一緒に会社を出たのである。そしてシモダテツヤ、永田、僕と他に何人かのバーグハンバーグバーグ社員が駅に向かって歩いていたところ、唐突にシモダテツヤにこう言われたのである。「じゃ、僕らこっちなんで！」。そして**僕を除いた全員が夜の街に消えていったのである。泣きそうになった。**

っていうか泣いた。もう10年も一緒にやってきた仲間のはずなのに、やはりサラリーマンとフリーランスは立場が違うのだ。そんなわけでひとりでそのまま富士そばを食べて家に帰った。仲間がいるサラリーマンに比べて、フリーランスは孤独なのである（ひょっとしたら僕が嫌われてるだけかもしれない）。

とは言え、僕の場合は（たまにハブられるとは言え）幸いにも「オモコロ」という軍団の一員として、基本的には楽しく過ごしていたので、悩みを相談する相手もいたし、一緒に何かを作る仲間もいたけれども、一般的にはそういうフリーランスは珍しい部類に入るんじゃないかと思う。

この「孤独」についてはかなりツラいというか音を上げそうになるので、同じような仲間を探してコミュニティに入って日頃から情報交換するような習慣はあった方がいい事は間違いない。

・とは言え、怒られなくなる

「自分で好き放題やれる」「一人で仕事をする」という事はつまり怒る人が周囲にいなくなるという事だ。サボったって「こら！」と言ってくる人はいないし、怠けたければ死ぬほど怠ける事が出来る。

僕も溜まってる原稿を無視し、家でゲームをやったりサウナに行ったりしてダラダラ過ごしつつ夜を迎えると我に返ってびっくりする事がある。**「えっ、こんなにサボってるのに誰も怒らないの!?」**って。まあ当たり前の事なんだけど（ちなみに原稿の催促はキッチリされます）。よく言われる事だけど、自分で仕事をするには自分自身をちゃんと律しないといけない。サボったらその分だけストレートに収入が減るからである。原稿が遅れたらギャラの支払いだって遅れる。

ただし、ここまでに書いた通り、サラリーマンとしての僕は決して真面目な仕事人間ではなかった。しょっちゅう手を抜くし、欲望にも弱い。**ダイエット中でもすぐに松屋に牛丼を食べに行くし、原稿に詰まると歌舞伎町に逃げ出したくなる**ような、「自分を律する」という事から一番遠いような人間である。その点から考えると僕はいまだに「フリーランス向きの性格」をしていないと思っているのだけど、それでも今までやってこられているのは、「サラリーマンの仕事に対するモチベーションと、フリーランスの仕事に対するモチベーションは「全然違う」という事が大きい。

　サラリーマンは仕事を多少手抜きしたところで給料はなかなか下がらない。実際、サラリーマン時代に適当に仕事をサボり、担当バイヤーと湘南に海鮮丼を食べに行ったり麻雀やったりして遊んでいた僕ですら定期的にキッチリ昇給があったし、逆にめちゃくちゃ頑張っても給料はなかなか上がらない。僕の後輩でえらく仕事が出来るやつがいて、売上も営業部内で相当よかったのだけど、その後輩ですら僕より給料が安かった。いわゆる「年功序列」というやつである。でもフリーランスは頑張れば頑張るほど収入がポーンと上がるのである。**そりゃあお金くれるなら僕だって頑張りますよ。** ゼニころのためなら醜い裸体を晒す事だってためらわないし、お金をくれるのであれば国会議事堂の前でオナニーだって出来る（それもどうかと思うけど）。僕の仕事は広告絡みの企画が多いので、企業の予算の区切りになる3月、9月、12月あたりが毎年忙しくて、特に12月なんかは営業日も少ないから毎年目まいがするくらいにバタバタ動き回っているのだけど、それでも月末に請求書を起こして計算してみるとン百万円とかになっていたりする事も少なくない。「おお……！　頑張ってよかった……！」としみじみ思えるのである。

この「頑張った」という事実に対する「ご褒美」のサイクルがフリーランスだとかなり短い。短いし、かつわかりやすい。ボーナスの査定みたいにどういう基準で評価されてるのかよくわからないようなシステムではなく、フリーランスは仕事をしたらしただけ評価をしてもらえる、とてもわかりやすい制度だし、僕がやってるWEBライターみたいな仕事だと結果が思いっきり数字に反映されるので実績が一目瞭然だったりする。その分だけサボり魔の僕みたいな人間でもモチベーションを保って頑張れるのである。

だから、「俺はなまけものだからフリーランス向いてないかもなぁ～」っていう人でも、やってみたら意外と上手くいくかもしれない。目の前にン十万をブラ下げられたら、1日2日くらいはけっこう頑張れるものである。

・そして、健康になった

具体的には睡眠不足が解消された。僕はサラリーマン時代、平日遅くまで仕事をしながらも一心不乱にインターネットをしていたし、当時の僕は「レインボーシックス」という鉄砲の撃ち合いをするネットゲームにめちゃくちゃハマっていたのである。会社から銭湯に寄って帰ってくるのが23時、そこからゲームがスタートして寝るのが朝の4時、そこから3時間寝てそのまま出社、みたいな日常を送っていたので端的に言って睡眠不足もいいとこである。

ところがフリーランスになると、朝早く起きる必要もなく、ひたすら寝てても問題がないわけだし、そもそも家に帰ってからゲームに興じる、というのは仕事のストレス解消の部分も強いのでそのストレスの対象そのものから脱出したらあまり夜更かしもしなくなった。遊びたいなら、ゲームをしたいならあり余る昼間の時間にやっつけてしまえばいいからだ。

会社員の頃は年に数回は風邪をひいて寝込んだりしていた記憶があるが、サラリーマンを辞めてからは健康そのもので、2、3年に一回軽い風邪をひくかな、くらいにしか体調を崩す事はなくなった。**すべて会社を辞めたおかげである。**

たぶん。

第三章

明日クビになっても生き延びるための思考法

わかる未来について、とことん考える

この章では、本当に好きなものを見つけ、趣味を生産型に転換し、ある程度見込みがついて「よっしゃ！　起業するか！」という段階に来た時、要するにサラリーマンを辞めてからどうやって生きていくかについて、ざっくりとした戦略について書きたい。

「未来の事がわかったら苦労せんわ！」なんてセリフをよく聞くかと思います。僕だってそう思う。「明日の為替がどうなるか」というその事だけでもわかれば億万長者になってシンガポールのプール付きの豪邸に綺麗な姉ちゃんをはべらせて夜はカジノでピンシャンドン（でしたっけ？）みたいな暮らしだって出来るのに、今の僕は中野のしょうもないマンションでこの原稿を書いているのだ。何故か。為替が明日どうなるかなんて僕にはわからないからだ。じゃあ、僕には未来の事がわからないのか？　いや、そうではない。「未来の事なんて誰にもわからない」、これはある意味では正しい言葉だけど、ある意味では間違っている言葉でもあると思う。「確かに未来がどうなるかはわからない」でも、「わかる未来だってあるよ」と思うのだ。そう、僕には未来がわかる。すごいだろう。それを証明するために今から僕がいくつか予言を行うので是非聞いて欲しい。

●ヨッピーの予言その1「将来、日本人の人口が減る」

まあまあ。**まあまあ落ち着いて聞いて欲しい。**「そんな事くらい俺にだってわかるわ！　死ね！　クズ！　ゴミ！」と言いたくなるのはわかる。そりゃそうだ。こんなのは予言じゃなくてただの「予測」だからだ。でも冷静に考えて欲しいのだけど、少子高齢化＋出生率の低下によって、ほぼ確実にこの「日本人の人口が減る」という未来は訪れる。誰に聞いたってそう言う。皆さんだって「まあ、確かに減るよね」って思ってるでしょ？　ね、ほら。「未来の事はわからないけど、わかる未来もある」というさっきの僕の言葉は正しくないですか、と言いたいのだ。**会社を辞め、一人の力で生きる上で大事なのはこの「わかる未来」について考える事**だと思っている。天気図を見て海の荒れ具合を予測出来ないと船乗りなんてやってられない事と同じだ。

例えば予言その1で書いた「日本人の人口が減る」という「わかる未来」について考えてみる。今1億2000万人いる日本人が、50年後には8000万人になると言われているわけです。人口が3分の2になる、という事はマーケットが3分の2になる、という事だ。**すごく乱暴に言えば国内のマーケット相手に商売する限り、今1億2000万円ある会社の売上が、いずれは8000万円まで下がる、という事だ。**そしてそれは「わかる未来」なのであります。荒っぽく言えば、だけど。

例えばテレビ局なんかは予算をジャブジャブ使って国内でも屈指の好待遇を達成しているわけですけども、人口が減って日本人が3分の2になれば今みたいな好待遇はあり得なくなる。1億2000万人に向けた広告費と8000万人に向けた広告費が同じ金額であるわけがないからだ。これがすべての業界で起こる。テレビも、雑誌も、新聞も、メーカーも、小売りも、飲食も、すべてだ。国内のマーケット相手に商売しているだけではいずれどの商売もジリ貧になる。そう遠くない未来に。どうですか。「ウチの会社大丈夫かな」ってなってきませんか。じゃあ輸出を頑張るか、とは言っても、過去の

「メイドインジャパン」信仰みたいなものはだいぶ薄れている。どうしよう？　けっこうヤバくない？

●ヨッピーの予言その2「自動運転で、トヨタがヤバい」

「トヨタの正社員」と言うと「ヒュー！　安定！　一生食いっぱぐれないね！」みたいな印象を受けるかと思います。実際、トヨタの正社員の人で「ウチの会社大丈夫かな……」なんて思ってる人はあんまりいないでしょう。就職人気だって高い。たぶん、トヨタの社員の人はこの本を読むターゲットから外れてるんだと思いますが、実はそうでもないのにな、と僕は思うわけです。僕はトヨタの社員にこそこの本を読んで欲しい。

今、アメリカのIT企業が一生懸命車の自動運転技術を開発しているのをご存知でしょうか。もちろん開発しているのはアメリカだけではありませんが、アメリカ勢が一歩抜きん出てるのは間違いないところでしょう。何しろアメリカ国内では今自動運転の実験車両がばんばん走っていて、起こった事故のほぼすべてが「もらい事故」つまり、相手車両の人為的ミスによって引き起こされたもので、自動運転の制御によるミスが今のところほとんどない、という驚異的なレベルに進化してるのであります。YouTubeなんかに自動運転車が事故を予測して自動的に停止するような動画が上がってるので見て頂ければと思うのですが、完成度もかなり高い。早ければ10年以内にこの「自動運転車」が実用化されると言われてますし、これも先ほどの「日本人の人口が減る」と同じく、「わかる未来」なのであります。

法整備がどうのこうのっていう問題もありますが、「自動運転」によって「事故が間違いなく減る」という事であれば大した障壁にならないでしょう。だって、人の命がかかってるんですから。今でも国内だけで年間4000人近くの尊い命が交通事故で失われている。重症者も含めればもっと増える。自動運転さえ普及してればこの命が失われる事はなかった、後遺症に苦しむ人もなかった、となると強烈な力で行政を動かすだろう。大きな事故が起こるたびに「なんで自動運転を導入しないんだ」と世論が騒ぐからだ。バスの事故が起こるたびに強烈にバス会社の勤務体制なんかが問題になりますが、あれと同じ勢いで「何故自動運転にしないんだ」という突き上げが起こる。そうなったら導入せざるを得ないのではないか。

じゃあこの自動運転、実用化されたらどうなるかを考えてみます。まず、事故が減る。極端なレベルで減る。毎年何万台という車が事故を起こしていて、それによる経済的な損失は莫大なものになっているけど、これが極端に減る。コンピュータはミスをしないからだ。コンピュータは事故を起こさないし、無茶な運転もしない。定期的に自動で工場にメンテナンスに入るようなプログラムだって出来る。

それに恐らくその頃はエンジンではなくモーターが主流になっていて自動車の部品の点数も大幅に減る、つまり故障だって減る。それによって車の寿命は大幅に延びるはずだ。更には車をシェアする時代になる。お父さん用とお母さん用と1台ずつあった車が1台で済むようになる。時間帯がズレてさえいれば1台の車を自動で2往復させれば済むからだ。その往復区間を運転する人間は必要ない。更には車の種類も減るだろう。「速い車」はもういらないからだ。加速がいいとかコーナリングがいいとか、そういった特色は自動運転になれば意味をなさなくなる。だって、自分で運転しないんだもの。かたくなに自分で運転するスポーツカーにこだわる人もいるかもしれないけど、でも自動運転の便利さに比べたらその魅力で対抗出来るのってどこまでだろうか、と思う。だって、自動運転になって事故が極端に減ったら、「自分で運転する事」自体が悪と見なされるようになる可能性も高いのだ。そうでしょう。自動運転にしてれば事故が起こらないんだもの。もし自分で運転して死亡事故なんかを起こしたら、遺族から「なんで自分で運転するんだ！」って詰め寄られるに決まってる。**むしろ人間が運転する事を禁止した方が合理的**と言っていいくらいだ。

そして自分で運転しない車なら思い入れは減るだろう。自動運転によって、事故が減り、車の寿命が延び、車の種類が減る。

つまり、**何を言いたいかと言うと、「自動運転が実用化すると、クルマが売れなくなる」という事**だ。これが僕が予言した「自動運転でトヨタがヤバい」という部分だ。これは別に僕だけが言っているわけではなくて、あらゆる専門家が指摘している事実でもある。車が売れなくなるだけならまだいい。エンジンがモーターになるという事はトヨタが過去に培ったエンジン技術がパーになる、という事だ。事故が起こらないのであればエアバッグだの衝撃吸収だのっていう安全技術だってパーになる。そういう、エンジンだとか安全技術だとかっていうトヨタが莫大なお金を投資して過去に築いた遺産をいったんチャラにした上で、トヨタはテスラの自動運転技術と戦わなきゃいけない。ほら、もう勝てる見込みないと思いません？　ソフトウェアでトヨタがアメリカ勢に勝てるとは思わないもの。

きっと、過去の携帯電話がそうであったように、Appleの iPhoneの登場によって日本製の携帯電話が軒並み駆逐されたのと同じように、個々の部品にはまあまあ日本の会社の部品が使われるけど、商品自体はAppleが握っていて利益もほぼ押さえられる、みたいな事態になると思う。パソコンも携帯もすべて同じような道をたどっていて、近い将来には自動車業界も恐らくそうなる。どうでしょう。それ、10年後に実用化される、って言われてるんですけど、それでもトヨタは一生安泰って言えるんでしょうか。少なくとも大量にある子会社は整理するよね。せざるを得なくなる。このままだと。

「未来を考える」っていうのはこういう事だと思うんです。「わかる未来」をとっかかりに、社会がどう変わるか、という部分。予言その1もその2も、説明すればわかって貰えるけど、でもそこまで考えてる人って意外とあんまりいなかったりするわけで。

「わかる未来」をとっかかりに、派生して「風が吹けば桶屋が儲かる」

的に、連鎖して予測出来る未来があるんですよ、きっと。

で、僕はそういう「わかる未来」を考えた時に、「まあ、当分は食いっぱぐれがないな」と思っているから「楽勝やな」って思いながら生きていられるのかなぁと思っております。

何故なら僕の収入はインターネット広告市場に立脚していて、当分その市場は拡大を続けるだろうな、と思っているからだ。

ソフトバンクの孫正義さんが「時代の流れに沿ったビジネスを展開しろ」とおっしゃってて、まさしくそうだな、と思うわけです。時代の流れは川の流れのようなもので、川の流れに逆流して泳ぐ事を想像して頂ければ、これはもうどう考えたって大変なんですよ。必死に泳いでも下手したら流されてるかもしれない。**でも、川の流れに沿って泳げば大して泳いでもないのにスイスイ進んだりするわけじゃないですか。**今僕はこの「時代の流れ」に沿って泳いでるつもりで、そしてその「時代の流れ」はまあ10年くらいは続くだろうな、という予測をしているので「楽勝だ」と思ってるわけなんです。

それだってこの変化の激しい時代だから10年くらいのものだけど、それでも世の中の大多数の職業の未来よりは明るいと思う。次の項ではそれについて書きたいと思う。

僕が紙媒体では書かずに「WEB専業ライター」になった理由

そんなわけで第一章の冒頭でも少し書いた「紙の媒体で書かなかった理由」について述べたい。僕がオモコロで連載をはじめた2008年くらいは「インターネットの記事」なんて全然お金にならなくて、圧倒的に紙媒体のギャラの方がよかった。実際、ネットで記事を書く専業の人なんてほぼいなかったんじゃないだろうか。紙媒体ならページあたり4万円とかそれくらいのお金が貰える時代に、僕がオモコロで最初に得たギャラは記事1本2000円ですからね。1本2000円で国会議事堂の前でオナニーしてましたからね。なにそれ。普通に考えて餓死するレベルのギャラじゃん。

そんな中で僕に「記事書いてくれませんか」と声をかけてくれる紙媒体もちらほらあったのですが、基本的には全部お断りしたわけです。それは何故かと言うと、単純に「WEBの時代が来る」という未来を明確に予測していたからであります。この「ギャ

スピード

言うまでもなくインターネットの方が速い。夕方に起こった出来事を夜までに配信するのは紙媒体には出来ないけど、WEBなら普通にあり得る。なんならリアルタイム更新も出来る。ニュースなんかだとその日に取材してその日の内に配信するのがデフォルトになってくると思う。このスピード感には新聞でも勝てないし雑誌ならもっと勝てない。

表現力

紙と違って文字数の制限がそこまできつくないし、カラーにしたところでコストがかかるわけでもない。GIFアニメで動く画像だって使えてレイアウトも自由自在に出来る。グルメ記事で湯気の動きを表現したものは雑誌には絶対に作れない。

コスト

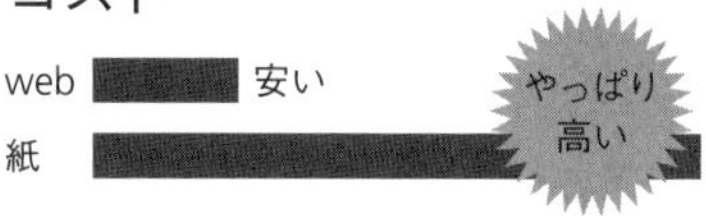

そもそもネットを介したデジタルデータなら印刷→配送というコストが丸々かからないし、取次や書店のマージンもかからない事を考えると、「読者に情報を届ける」という経路においてダイレクトに繋がれる分、圧倒的にWEBの方がコストが安い。

ファンの作りやすさ

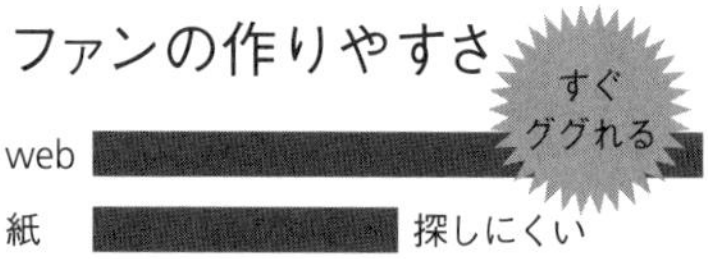

例えば週刊誌に面白いコーナーがあったとして、「このライターさん面白いな」ってなった時に、他の週刊誌で同じライターさんが書いてるコーナーを探して買うか、というとまあ買わないですよね。でもWEBならその人の名前をググればその人が書いた記事がズラズラ出てきてまとめ読みが出来るので当然ファンが作りやすい。今ならTwitterもあるしFacebookもある。

ラの格差」という部分は置いておいて、紙媒体とWEB媒体を項目ごとに比べた場合、だいたいこんな感じになるわけです（右ページ参照）。

こうやって比べると、**紙媒体で書くメリットって「ギャラがWEBに比べていい」「有名な雑誌だと自慢出来る」くらいしかないな、**と思うわけです。「自慢出来る」という意味においては、まあ、僕が知っているカスなギョーカイジンの一人は「俺、○○の編集長なんだけどさぁ」みたいな口説き文句で片っ端から女性を口説いていて業界内から大ヒンシュクを買っており、業界の女性同士のグループLINEの中でそのおっさんの口説きLINEのスクリーンショットが乱れ飛んでて大変面白かったりするのですが、その彼がそうやってネームバリューを大活用し続けているサマを見ていると意外とそういうのって効果があるのかもしれないのでバカには出来ない。

ちなみに僕の場合、「インターネットで記事を書いてる』みたいな事を言うと、ネットのライターは稼げないっていうのが定説なので極貧だと思われて同情されるのでそれはそれでけっこうおいしいかもしれない。

あとは紙媒体の方が信頼されている、という側面もあるだろうけど、それも徐々に

WEBが盛り返している雰囲気もある。適当にパクって記事を量産していたようなWEBメディアが段々淘汰されつつあるからだ。BuzzFeed JapanなんかだとWEB媒体とは言え一目置かれるかもしれない。ちなみに、もうひとつの「ギャラ」に関しては「雑誌が売れなくてWEBがどんどん伸びてくる時代だし、その内逆転するだろうな」と思っていて、実際そうなりつつある。

もちろん業界全体としてはまだまだ紙媒体の方が高いかもしれないけど、少なくとも僕についてはは完全にWEBで書いた方がお金がいいのだ。具体的に言えば広告企画なんかだと記事1本で50万円くらいくれるケースはザラにある。記事2本書けばそれだけで月収100万円である。元々が極貧生活を送っていた人間なのでそんな金額をひと月で手にしたら「いよいよ、俺も石油王になったか!」みたいな感覚で有頂天である。まあ全部歌舞伎町の夜の街に消えるのだけど。でも紙媒体だとそうはいかない。まあ別に自分の事を自慢したい、というわけではなく、「WEBの未来が来る」と昔から思っていて、そんな事は僕を含めて誰でも予測出来る未来だったし、それについて考えれば「紙で書くよりWEBで書いた方が将来的には絶対いいだろうな」っていう確信を持っていたので紙媒体での連載を全部お断りしたのであります。ＷＥＢだと永続的に自分が書いたコンテンツがＷＥＢ上に残るけど、紙はそうはいかないというのもある。長い目で見ればどう考えてもＷＥＢだろう、と。

ライバルの少なさもあった。当時はＷＥＢ専業で記事を書いてるライターなんてほとんどいなかったからだ。この土俵なら勝てるだろうし、発展性もあるだろうな、と。そしてその予測はやっぱり正しく、「僕かしこいな～」なんて自画自賛しつつ、稼いだ原稿料を片手に歌舞伎町に突撃するのである。

儲かりそうな椅子の探しかた

まあそんな僕の自慢話を聞いたところで「なんだこいつ」という反感しか買いそうにないので、今度は皆さんの話をしたい。

「これだ！」という「やりたい事」を自分で見つけて、それを「生産型」に変え、「ゆくゆくは本業にしていこう」と決意したとして、その時にもうひとつ考えて欲しいのが「どの椅子を狙うのか」という事だ。僕は「ネットで文章を書く」という「やりたい事」

を見つけて、アウトプットを続け、自分では意図したわけではないけど、結果的には「ライター」というカテゴリに含まれる仕事を細々とやりだした。ここまではこれまでに書いたけど、その次に考えたのは「どういうライターになるか」という事だ。言い換えれば「どうすれば儲かるか」という事を考えた。

いやらしい話だけど。

そもそもの前提として、先ほども言った通り当時のWEB記事の原稿料は安かった。一冊いくら、で値段をつけて売っていた雑誌と違い、WEBの記事は全部無料で読めるわけで、ユーザーからお金を頂くような仕組みにはなっていなかったからだ。今でこそ課金するシステムが構築されつつあるけど、僕がWEBで記事を書きはじめた頃はそんなものは存在せず、大抵のサイトはGoogleアドセンスなどの広告収入に依存したサイト運営をしていたのである。

そんな時に僕が目をつけたのが「記事広告」の存在だ。記事広告とはスポンサーがお金を払って、宣伝したい商品を取り上げて貰う記事の事だ。新しい商品が出ると「○○から新発売の××を徹底レビュー！」みたいな記事がそこかしこでアップされるけど、ああいうのを想像して貰えるとわかりやすい。そして何故僕がこれに目をつけたかと言うと、この記事広告については**単価が異常に高い**のである。普通の記事の100～1000倍くらい違う。10倍どころの話ではないのだ。前述のGoogleアドセンスは、一般的にはPVあたり0・1円の収益になる、と言われているけど、記事広告だと1PVあたり100円、つまりは1000倍に跳ね上がるのであります。これはウソでもなんでもなく、事実そうなのである。少し調べればわかるけど、WEBメディアの記事広告の値段表なんかを見ると、1万PV保証で100万円から、なんてのがゴロゴロある。

なんでこれがまかり通るかと言うと、サラ金が配っているポケットティッシュをイメージするとわかりやすい。あの街中で配っているポケットティッシュも立派な広告で、ティッシュをエサにして裏面に入ってる小さなチラシを人に読ませる事で成立している。あれを一人に配るのに、まず10円以上かかるであろう事は簡単に想像出来る。ティッシュの原価と、チラシの原価と、そして配る人の人件費。あの小さなチラシ一枚を一人に読ませるために10円かけるのであれば、ボリュームの取れるWEBの記事ならもっと値段を取ってもペイ出来るであろう、というのが基本的な考えかただ。

正直言って1万PVで100万円は高いなぁと思わなくもないけど、例えばそのメディアの読者層が「まあまあお金持ってて今から車を買おうとしている人」ばかりだとすれば、その読者1万人に出す広告には100万円以上の価値がある事はじゅうぶん想像出来る。**闇雲にチラシを撒いたりティッシュを配ったりするよりはよっぽど効率がいい**だろう。

だから、記事広告は高い。そしてその「高い記事広告」にも当然それぞれに担当しているライターがいるはずで、その椅子に座れれば儲かるだろうな、と思ったわけです。そしてやってみたところそれは実際に儲かったのである。

クライアントの予算でやりたい事をやり、それを記事にすると追加でお金まで貰えちゃうわけで、**「ここは天国か！」**って思った。京都にも行ったし、熊本にも行ったし、昔からファンだった人に会ったしでやりたい放題である。

「ひょっとして、広告にかこつければなんでも全部お金を貰いながら出来るのでは？」と気づいた僕が、全然商品と関係ない文脈で「カナダにオーロラを見に行く」という企画を提出したら**「これ、ヨッピーさんが行きたいだけですよね？」**と本心を見透かされて怒られた。ハワイの「溶岩チャーハン」と同じパターンだ。何事もやりすぎは厳禁である。

とは言え、企業からお金を貰って宣伝するだけの記事なら、「なんだあいつ。提灯記事ばっかり書きやがって」となって読者の信頼を失う事は容易に想像出来るわけで、僕としてはそれは絶対に回避したいところである。

そもそも「広告」というのは基本的にユーザーから嫌われているわけですから、それを「お金くれるならじゃかすか宣伝しまっせぇ〜〜〜！」なんてやったところで読者からソッポを向かれて、はい終了になる事は容易に想像出来るし、実際アメブロでせっとしょうもない水素水とかわけわからん美容グッズなんかを紹介しまくってる芸能人なんかは「あいつは銭ゲバ」という烙印を押されてどんどんファンが離れたりする。

その対策として僕が採った手法は**「儲かる分だけ、予算を使って記事のクオリティを上げる」**という事だ。普段の記事より予算が大きい分、制作費にもコストがかけられるわけで、普通のWEBメディアならやらないくらいの手間暇とお金をかけてひとつの記事を仕上げるのだ。スタジオを借りた撮影もするし、遠方に取材にも行くし、大がかりな装置を作ったりもする。

そうすると読者にとっては「普段より面白い記事が読める」というメリットがあり、広告主には「たくさん数字が稼げる」というメリットがあり、僕にとっては「派手な事が出来る」というメリットがある、三方良しの結果に落ち着く。ステマなんてしなくたって、この**三方良しの原則から外れない限りは読者だってちゃんと読んでくれるのである。**

そもそも「儲けたい」という気持ちも、個人的なものではなくて、「もっと面白い事をするために予算が欲しい」と思っての事だ。そのせいで調子こきすぎてバカみたいに予算を使ったら完全に赤字になって「僕はなんのためにこれをやってるんだ……？」ってなった事もあるけど。そしてそうやって「予算の規模を大きくする」という事を心がけていると、自分の仕事の幅がめっちゃ広がる。例えば一般的に「ライター」というと「文章を書く人」というイメージだろうけど、こうやって予算をかけてあれこれ作りはじめると、企画立案、出演交渉、カメラマンの手配、取材交渉、小道具の手配などなど、やるべき仕事が増えるし、当然その分だけ自分の取り分も増える。「ライター」という立場だけだと文章を書くだけの仕事になってしまうけど、僕みたいに全体の企画を統括する「プロデューサー」であったり、クライアントと交渉する「営業」だったりという、仕事の幅をがしがし広げていくと結果的にギャラに反映されるっていう側面はあると思う。僕はライターだけど、営業でもあるし、プロデューサーでもあるし、ディレクターでもあるし、カメラマンでもあるし、出演者でもあるのだ。

ビジネスの世界の競争は椅子取りゲームに似ている。

さっきも言った通り、僕はまずライターとしてのキャリアを考える上で「記事広告が得意なライター」という「椅子」を最初に狙いに行った。何故ならその椅子はどう考えても儲かるのに、その椅子に座ってるライターが他にまだいなかったからだ。ガラ空きだった、という感覚に近い。儲かる椅子なのに、まだ誰も座っていないという、こういう「椅子」は完全においしいのである。

そして今回例を挙げている「記事広告が得意なライター」以外にも、こういう「儲かるのに誰も座ってない椅子」というのは世の中にはまだまだ存在する。

例えば企業の広告記事以外にも、僕は観光記事をたくさん書いている。これだって

「観光に強いライター」という椅子が空いていたからスッと座っただけの話だ。意図的にやっている事ではあるけど。この「観光」という椅子、実は儲かるのだ。だって、単純に「観光」が大きな大きな市場である事は誰にだって容易に想像出来るだろう。だからこの「観光」の代表的なライターになれれば当然儲かる。

「自治体」という椅子もそうだ。前述の通り僕がまず最初に狙いに行ったのは「広告記事に強いライター」であって、手前味噌だけど今ではその椅子に座った、と思っている。そしてその椅子に座ってみていろんな案件をこなす内、例えば僕のクライアントにはHONDAがいてKDDIがいてソフトバンクがいてドコモがいてリクルートがいてLINEがいてMicrosoftがいてフジテレビがいてっていう、まあ「アガリ」に近い状態になりつつある。これ以上大きな会社なんてないやんけ、みたいな状態なのだ。

だから僕が次の椅子として狙おうと思ったのが「自治体」なのだ。民間企業がアガったらもう次に大きなクライアントを狙うとなったら自治体しかない。そこで第一章の冒頭で言った千葉市長とのゲーム対決記事を作った。これが爆発的にネットでウケたおかげで、自治体と話す時に持っていく実績が出来たわけで、そこからは目論見通り、弘前市や佐賀県、東京都、広島県といった自治体の仕事も貰えるようになった。もちろん大手企業なんかの仕事に比べれば予算も小さかったりするのだけど、こういう地方創生みたいな事に関わるのは社会的意義みたいな側面でやりがいもあるので楽しかったりする。

こうやってあれこれ戦略を考えつつ記事を書いていたおかげで、今では僕がライターとして座っている椅子は「広告」「観光」「自治体」の三つになった。最近は理系の人達に刺さる記事も多く書いてるのでそこに「理系」が加わるかもしれない。そんな感じでこれからもどんどん「椅子」を増やしていこうと思っている。だって、まだまだいろんな椅子が空いてるんだもの。そしてその**まだまだ「儲かる椅子」がガラッガラに空いている事に、まだ多くの人達は気づいていなかったりする。**

そもそも何故いろんな椅子がまだ空いているかというと、端的に言ってＩＴ革命が起こったからだ。「革命」というのは「すべての椅子をひっくり返す行為」に似ているなと思う。それぞれが座っていたそれぞれの椅子を、一回全部ひっくり返してもう一回座り直し、というのが革命だ。貴族が罪人になったり、罪人が大統領になったりする。「大富豪」で革命を起こすと2が一番弱くなって3が一番強くなる事でもわかるだろう。そんな革命が起こり、さあ座り直し、となったところで「検索」というめちゃくちゃ儲かる椅子を押さえに行ったのがGoogleだし、「持って運べるインターネット」というこれまた儲かる椅子を押さえに行ったのがAppleだ。そして一度座った椅子はそのまま既得権益と化し、ひっくり返すのが難しくなる。

例えば僕がインターネットをはじめたばかりの頃、15年ほど前ならGoogleはまだそこまで強くなかったし、その頃、Googleに対抗して検索市場を押さえにかかるのは恐らくはそれほど難しくなかったように思う。でもそれから15年が経った２０１７年現在、「Googleに検索で勝ちます！」なんて言ったところで世界中の人から笑われるだろう。**Googleは一度座った「検索」という椅子をどんどん強化し、要塞化して他の人達が手を出せないようにしてしまった**からだ。これをひっくり返すのは並大抵の事ではない。ＩＴ革命が起こり、儲かる椅子は当然どんどん押さえられつつあるわけだけど、それでもまだまだ「空いてる」椅子は世の中に転がっている。

儲かる椅子を見分けるためには

さあ、そんなわけで「空いてる椅子を探そう」となったとしても、結局その「椅子」が「儲からない椅子」だとしたらなかなか厳しい。じゃあ「儲かる椅子」と「儲からない椅子」をどうやって見分けるかと言うと、単純にその「椅子」の需要がどれくらいあるのか、という事に尽きる。

僕はライターなのでライターとしての例え話をさせて頂くと、「美容グッズに強いライター」と「アウトドアに強いライター」を比べた場合、より儲かるのは「美容グッズに強いライター」なのだ。何故なら単純に美容グッズの宣伝広告費のマーケットの方が圧倒的に大きいからだ。化粧品なんて原価の半額くらいが広告宣伝費と言われているくらいだし、単純に人口の半分がターゲットになる。それに比べるとアウトドアは流石に人口の半分がターゲットとはいかない。キャンプ用品や登山グッズを買う層なんてせいぜい20人に一人くらいではないだろうか。だから「美容グッズに強いライター」の方が儲かる。や、もちろんアウトドアに強いライターだって第一人者になればちゃんと儲かるんだけど。

あとはその「椅子」に座ってるライバルがどれくらい強いのかを考えればいい。自分のやりたい事のマーケットがどれくらいあるのかを想像しながら、そして今現在そのマーケットのライバルがどれくらいいるのかを考えてからどの椅子を狙いに行くのか考えればいいと思う。その例で言えば「美容グッズ」に関しては儲かるだけに芸能人だのモデルだのが参入しまくっているのでライバルは強い。僕の例で言えばちゃんとコストをかけて広告記事を作ってるライターなんてほとんどいなかったし、ちゃんと観光地を取材して記事にしているライターも、自治体の首長を引っ張り出せるライターもいなかった。

例えば「僕はパラグライダーが好きだから、パラグライダーを副業にしよう！」と思い立った時に、じゃあ全国にどれくらいパラグライダーの教室があって、それぞれどれくらいのインストラクターを抱えてるんだろうな、っていうのはＨＰを見て回れば「インストラクター一覧」みたいなのも見られたりするのでなんとなくわかるわけです。そうすると「ライバルはこれくらいいるんだな」っていうところまでは予想がつくだろう。そういった情報を集めていけば、今後自分がどういう方向性に向かうべきかおのずとわかってくるはずだし、マーケットの広さと、ライバルの強さを考えれば「おいしい業界」がまだまだある事に気づくはずだ。

第四章

逃げるが勝ち！の仕事術

ライバルに勝つための「ちょい足し」のススメ

さて、晴れて貴方が「じゃあなんかやるか！」と決意し、自分の好きなものも見つけ、それを活かす上で狙うべき「椅子」を定めたとしよう。そしてその時に考えなければいけないのが「マーケットの規模」と「ライバルの強さ」だという事については先ほど書いた。

例えば一番手軽な副業として「ブログで稼ぐ」なんかがポンと出てくるし、実際ブログは参入障壁も低いし元手だってかからないので気軽にはじめられると思う。しかしながらこの「ブログで稼ぐ」というのはマーケットはそれなりに広いものの、ライバルが異常に多いのであります。これは参入障壁とバーターの関係にあるのかもしれない。気軽にはじめられるものはやっぱりライバルも多い。

「ブログで生計立てます！」みたいなブログは10や20じゃきかないレベルで存在するし、そんな所に割り込んでもなかなか効果が出ないだろう。「ブログで稼ぐ」という椅子についてはもう残念ながらいろんな人に見つかった状態であって、人が我先に争ってその椅子を狙っている戦国時代みたいな状態になっている。ここに割り込んでいくのはけっこう大変なのだ。本来であれば「その椅子を諦めて他の所に行けば？」というのが生存戦略として正しいのだけど、でも自分の適性だったり、やりたい事がライバルとかぶってしまっていたらもうそこで勝負するしかない。じゃあ、その時にどうやってライバルに勝つのか。ここで僕は**「プラスワン戦略」**というのを提唱したい。

プラスワン戦略、というのはその名の通り「ひとつ足す事」だ。料理における「ちょい足しレシピ」みたいなものだと考えればいい。

例えとして「ＤＪ」という職業を考えてみよう。音楽が好きだ、クラブが好きだ、女の子にもモテるだろう。だから副業としてＤＪをやってみようじゃないか、そう思ってチャレンジしたとする。じゃあ「ＤＪ」として売れるためにはどうしたらいいか？　という部分を考えると、音楽に詳しくなって海外のクラブシーンで流行っている曲を探し、選曲や「ツナギ」と呼ばれる曲と曲の合間を隙間なく繋いでゆくセンスなんかを磨いていくような「ＤＪとしてのスキルを磨く」部分と、あとはクラブ関係なんかの知り合いを増やしていく「人脈」なんかが挙げられるのかな、と思う。基本的にこの二つがばっちりハマっているとＤＪとしてはまずまず成功するんじゃないかと思う。

でも、残念ながらみんなそんな事はわかっていてその部分については競争も激しかったりするのだ。そこで提唱したいのが「プラスワン戦略」である。「ＤＪ」が持つ、「クラブで音楽をかける」というスキル「以外」の部分をひとつ乗せれば一気に他のＤＪ達と差別化出来る。

例えば友人に「アフロマンス」というその名の通りアフロヘアのＤＪがいるのだけど、彼はクラブのＤＪをこなす傍ら、「泡パ」と称してクラブフロアに泡を撒き散らしたり（もちろん人体には無害なやつ）、「マグロハウス」と称してフロアでマグロの解体ショーを行ったりしている。「泡」も「マグロ」も本来のＤＪの仕事からは大きく逸脱しているけれども、それによって彼のイベントは他のイベントと明らかに差別化されているし、ある意味では独自の路線を貫いているとも言える。そして、（憶測だけど）彼はかなり儲けているのだ。元々は博報堂で働くサラリーマンだった彼が、趣味として週末にＤＪを行い、そしてそれが軌道にのりはじめてから脱サラして独立したのだ。この本で僕がしつこく言っている戦略の綺麗なモデルケースとも言える。

そしてこの「プラスワン戦略」は恐らくいろんなことに応用出来るのだ。例えば大宮に「おふろcafé」という、いわゆるスーパー銭湯がある。他のスーパー銭湯と一線を画しているのが、「おふろcafé」はスーパー銭湯でありながら、内装がめちゃんこオシャレなカフェみたいになっているのだ。何せ暖炉があったりハンモックがあったりする。木をふんだんに使った内装も、「スーパー銭湯」というよりは完全に代官山あたりのカフェっぽい造りで、実際この「おふろcafé」は週末なんかは死ぬほど混んでいて大繁盛しているしモデルケースとしていろんなメディアに取材されていたりもする。これも「スーパー銭湯」に「cafe」のプラスワンを行った結果と言えるんじゃないだろうか。「スーパー銭湯」もやっぱり競争が激しいジャンルだったりするので、**別の要素を足す事で他と差別化し、ガチンコの殴り合いを避けられる**のだ。

ライターとして僕もやっぱり同じく「プラスワン戦略」を取っている。例えば商品の紹介をして欲しい、なんて依頼を受けた場合、僕は**「普通に紹介するだけの記事」は書かない**ようにしているのだ。具体的に紹介したい。

広島県から「広島の観光情報記事を書いて欲しい」という依頼が来た。題材になったのは「呉市」である。造船で栄えた街で大和ミュージアムなどの観光地はあるのだけど、僕みたいなオッサンが普通に呉を観光して「呉はいい所なりぃ〜〜〜!」なんて書いたところで、まああんまり説得力がない。そこで**「何を足せばウケるのか?」と悩むのである。**呉の要素を書き出してみる。造船、大和ミュージアム、屋台、自衛隊の資料館、ああ、そういえば「この世界の片隅に」っていう映画の舞台でもあったな、みたいな。そこで思いつくのである。「あ、女優ののんさん(本名:能年玲奈)を連れてくればいいのでは?」って。去年大ヒットした「この世界の片隅に」は呉を舞台にしたアニメ映画で、その主役の「すずさん」の声優をのんさんが担当していて、更にはのんさんは呉をロケ地にして撮影した写真集も発売していたのである。のんさんは「呉に縁がある女優」と言えるだろうし、そののんさんに呉の魅力を語って貰えばウケるに違いないはずだ。

そんなわけでのんさんに呉市の魅力を語ってもらう記事を書いて、当然ネット上ではウケた。ただし、これには裏側があって、「のんさんを連れてこよう」と思いついたのは僕が広島県から仕事を受注したあとの話なので、当然広島県から貰った予算にのんさんに払うギャラは含まれていない。でもどうしてものんさんに出て頂きたかったので、広島県の担当の人に「なんとか追加で予算をください！」とお願いし、最悪「自腹を切ってでもお願いしよう」くらいに思っていた。結果的には担当の方のおかげで追加予算を組んで頂いてなんとかなったのだけど、でもそれくらい、「自腹を切ってでも」って言うくらい、「ひとつ乗せる」ことについて気合を入れて取り組んで欲しいなと思っている。

知事を連れてきたり市長を連れてきたり、スマホの宣伝をするために古いWindows95のパソコンを持って来たり、そういう「何か乗せる」という部分に工夫をして記事を書いている人はまだまだ少ない。これを応用すればライバルに一歩抜きん出る事が出来るはずだ。

日本人は「戦略」を考えるのが苦手

「プラスワン戦略」を実施するにあたって、「戦術」と「戦略」の違いについて述べておきたい。これはまぁ戦争の時なんかに使う言葉なのですが、「戦術」というのは「目の前にいる敵に、手持ちの部隊でどう勝つか」というもので、「戦闘に勝つための計略」と言っていいと思う。それに対して戦略は「戦争に勝つための計略」という考えかただ。

これだとちょっとわかりづらいのでレストランに例えると、「美味しい料理と、丁寧な接客を提供しよう」というのが戦術で、「そもそも、どういうコンセプトのお店にするかを考える」っていうのが戦略だ。ライターで言えば「取材した記事を面白く、丁寧に書く」というのが戦術で、「そもそも何を取材すると面白いのか」を考えるのが戦略と言えばわかりやすいかもしれない。**要するに戦術のひとつ上のレイヤーが戦略**になる。そして、この「戦略」についてまでちゃんと考えて行動している人はかなり少ないのである。

前述したように、僕は「どの椅子が儲かるのか」を考えながら書く記事を決める、つまり戦略に基づいて意思決定しているのですが、そこまで考えて行動しているライターはほとんどいないんじゃないかと思っている。なぜなら、さっきも言ったように「儲かる椅子」がまだまだガラッガラに空いてるからだ。この事について少し考えると明白に「儲かるか、儲からないか」はわかるはずなのに、そもそもそこに考えが至ってすらいない人が多い。**「戦術」ではみんな争うのに、「戦略」では意外とライバルが少ない**というのは別にライター業だけの話ではない。

例えばラブホテルだって「部屋を清潔に」「アメニティを充実」みたいな「戦術」の部分だとみんな一生懸命やってるんだろうけど、そもそものコンセプトからして女性ウケを意識してブランドを確立させるところまで持っていってるのってバリアングループしかいまだにないわけだし、ステーキ屋は数あれどいきなり！ステーキみたいな、「入ってすぐ肉！」っていう手軽さを売りにした、個性が際立ったお店はあそこしか知らない。その「戦略」って別に難しい事ではないし、考えればわかる事のはずなのに、どうしてもみんな目の前の「戦術」にばっかり意識が行きがちなのは**「戦略に弱い」という日本人特有の問題かもしれないな、と思っている。**

CPUがどうとか画素数がどう、っていう「戦術」にばっかり囚われ、「戦略」に優れたAppleに携帯電話市場を全部ひっくり返されたのも大雑把に言えば「戦略不在」だったんだろうなと思う。

これはサラリーマンとして組織で生きる上でも同じだ。ちゃんと戦略について考えよう。「与えられた仕事のクオリティを上げる」のはもちろん大事なんだけども、「そもそもどの仕事をする事が自分にとっていいのか」を常に考える必要があるのだ。

自分にとっての「神様」は誰なのか問題

自分で仕事をするようになって大事な事は、物事に優先順位をつけることだ。会社員であれば大抵の事は会社から指示が下りてきて「これをやれ！」と言われるけど、自分ひとりで仕事をするとなったら「何をするか」を考える事からはじめる必要がある。その時に絶対に忘れて欲しくないのが**「何が自分にとって一番大事なのか」**だ。

例えば僕のライターという仕事で言えば、クライアント（お金をくれる人）がいて、取材先がいて、そして読者がいる。この中でどれが一番大事なのか、と言えばこれはもう「**読者**」なのであります。何故なら、クライアントは確かに僕にお金をくれるけれど、じゃあ何故僕にクライアントがお金をくれるのかと言えば僕が一定数の読者を抱えているからだ。

読者の人達が僕の記事を読んでくれるから僕の記事に価値があるのであって、その価値に従ってクライアントは僕にお金を払うのである。逆に言えば僕が書いた記事が読者に読まれなくなればクライアントが僕にお金を払う理由がなくなる。だから、僕は自分の読者に絶対損をさせたくないし、読者から直接お金を貰うような事もしたくない。

僕にとって読者様は神様だからだ。

過去に自分主催でやったイベントはイベント会場側に「入場料は全額僕が払うからチケット代無料にしてくれ」と交渉して実際に無料にしたし、CDを発売した時は「一人500円のおこづかい付きCDリリースイベント」なんかをやったりした。イベント会場代は全額僕持ちで、かつ来てくれた人達全員に500円ずつ配ったのだ。赤字額は30万円くらいである。もちろんCDなんて100枚くらいしか売れてないので、テレビ朝日からもらったギャラを計算に入れても僕としては大赤字もいいところである。有料メルマガとかそういうたぐいのものも一切やらないと決めている。この本の印税だって、間接的に読者からお金を受け取る行為になるわけだから、せめて僕が得る印税分は全額バラ撒こうと思っている。恐らく、この本が発売された頃には全国行脚しつつ、各地で無料イベントをやるのか印税分のキャッシュバックをするのかはまだ決めてないけど、とにかく貰った印税分はきっちりバラ撒いて手元に残らないようにしようと思っている。

もちろん、本や雑誌、CDみたいに読者が直接クライアント足り得る仕組みの物なら読者からお金を貰うのは当たり前の事だし、僕のその「お金を取りたくない」という価値観の方が世間からズレてるんだろうなっていう認識もあるので押しつけるつもりはないけど、僕は一応、読者からお金を直接取らなくても成立する本業を持っているので読者からお金を取る事なんて考えなくていいじゃん、くらいに思っている。なんなら僕が稼いでいるお金を何かしらの形で読んでくれている人達に還元したいな、くらいの感覚である。僕は読者のおかげで生活が出来ていて、楽しい人生を過ごしているのだ。**「自分は誰によって生かされているのか」**ここのところをよく理解しておかなければいけない。

別に僕は読者の人に媚びようと思ってこれを書いているのではない。いや、媚びてるのかもしれないけど。ただ、そうする事が結果的に自分にとってもメリットがあるからそうしているのだ。僕みたいなカス人間が、大きな会社から声をかけて貰ったり、イベントに呼んで貰ったり、多少なりとも人間らしく扱って貰えるのはすべて読者あっての事だ、というのは先ほども書いた。読者がもし僕から離れてしまえば、つまりは僕の書く記事で数字が取れなくなったら一気に周囲から人が離れていくだろうな、とも思っているし、実際そうなるだろう。中年の、天然パーマの、小金を持つとすぐ歌舞伎町に突撃するようなおっさんと積極的に仲よくしようという人なんてなかなかいないからだ。だからその「読者」は僕にとっての生命線で、「読者の事は絶対に裏切ってはいけない」という事を強く心に留めている。これが僕の根幹なのである。

ライターという仕事をしていると、よくわからない仕事の依頼が来る事もある。「〇〇水を宣伝して貰えませんか」とか「ビジネスセミナー（うさんくさいやつ）に登壇して頂きたいのですが……」などなど。宗教法人のイベントに出てくれないか、というのもあった。そしてこういう依頼の方がだいたい報酬がよかったりするのである。でも、そういうのは全部断る。というか無視する。わけのわからないものを「ギャラがいいから」という理由で宣伝する事で、読者の人に損をさせたくないし、それによって読者の信用を失うのが何よりも怖いからだ。

だから広告企画とか宣伝の企画でも、「これは宣伝したくない」「これは読者にとってタメにならない」というものなら遠慮なく断る。クライアントと進めている企画で、やりたくない宣伝を「これも追記してください」とかゴリ押しされそうになったら「じゃあ、やめます。お金はいらないし撮影にかかった経費も全部自腹でいい」って徹底的にケンカする事にしている。間に入ってる媒体の運営会社や編集さんは大変そうだけど。大事なものを守るためなら、これくらいの事はしなければいけない。

僕は自分の事を「読者の奴隷である」と位置づけている。読者に喜んで貰える事、読者が求めている事、そこから外れるような記事は絶対に書きたくないし、書かない。こういう、「絶対に譲ってはいけない事」はどういう仕事をする上においても必ず存在する。**「絶対に譲ってはいけない事」はすなわち、「それさえ**

出来ていれば食いっぱぐれがないもの」と言い換える事も出来る。スポーツ選手なら勝つ事、ＤＪなら客を呼べる事、格闘家なら人気がある事。そこを揺るがすような事は徹底的に控えるべきで、時にはクライアントとケンカしたって全然構わない。自分自身の本質の価値さえ守っていればどうにだってなるからだ。だから一時的な快楽やお金のために本質をないがしろにしてはいけない。

「業界の慣習」なんて無視しろ

ライターとして広告の仕事に関わっていると、「業界の慣習」というヤツに苦しめられる事がある。例えば「ネガティブ表現ＮＧ」「ライバル企業の名前を出すのはＮＧ」などといったものだ。この二つは実際に僕が言われてクライアントと散々ケンカしたものでもある。

例えば僕は以前にクライアントが楽天の企画で「でも僕はAmazon派だしな」というような表現を文中に使った事がある。言うまでもなく楽天とAmazonはゴリゴリの競合だ。楽天はこれをすんなり受け入れてくれてそのままの原稿が世に出たのだけど、これが古くて堅い会社だと「このAmazon派っていう記述は削除してください。広告でライバル社の名前出すってどういうつもりですか？」なんて言ってくる。これがもう僕には意味がわからない。楽天の商品を楽天派の人が褒めちぎるのと、楽天の商品をAmazon派の人が褒めちぎるのと、どっちが信用出来るかって言ったら当然Amazon派が褒める方が効果があるからだ。「ワーイ！　楽天大好き！　いつも使ってます！　この商品もいいネ！」って書くといかにも宣伝くさいけど、**「えー？　楽天？　普段はAmazonだけど、確かに楽天のコレもいいね！」って書いた方が説得力がある**のは理解して貰えると思う。

それに僕は実際Amazon派で普段はAmazonでゴリゴリ買い物をしているので（楽天でも買うけど）「広告とは言え嘘をつきたくない」みたいな気持ちが作用している事もある。「普段はAmazon派だけど、こうやって見てみると楽天は食品なんかが強くていいね」って思ったのは事実なのだ。だからそう書いたし、楽天の人はそれを認めてくれた。でも、それはレアなケースで大抵はトラブルになる。「競合の名前を出すなんてどういうつもりですか」って。そしたら即、臨戦態勢に入るわけです。

「ネガティブ表現NG」というのもそうだ。ある商品の使用レポートを書いている時に、

「8割は素晴らしいけど、この2割はダメだよね」みたいな書きかたをしたら、「ネガティブな要素はやめてください」と広告代理店から言われて大喧嘩になった。だって、僕からすればその2割を書かなければ読者にウソをついた事になるからだ。僕はさっきも言った通り読者の奴隷なので読者を裏切る事は絶対に出来ない。それに、テレビや雑誌、CMと違ってネットでついた嘘はすぐにバレる。僕が書いた記事に「○○の部分がダメなのにそれを書いてないのはどういう事だ」みたいなコメントがほぼ確実につくわけだ。そうすると当然僕が書く事に対する信頼性が失われる。だから僕としてはそれは絶対に譲れない線なのだ。

先ほども言った通り、大企業かつ古い会社だったりすると、もうその辺がガチガチで、担当者に今書いたような理由を説明すると、「それは理解出来ます。そうした方が読者も喜ぶし記事の数字も取れる事はわかっています。でも、業界の慣習として上司が譲らないので……」とくるわけだ。完全に意味がわからない。読者に対してウソをつく事になるし、記事の数字が減ればクライアントも損をする事になる。コメントで突っ込まれたらクライアントのイメージだって悪い。それでも「業界の慣習だから」などという言葉がまかり通っていて、そこに固執する人が上司にいたらニッチもサッチもいかなくなるのだ。だからケンカになる。そういう時はさっきも書いた通り、「じゃあもうこの企画は一切やめましょう。お金もいらないし撮影にかかった経費も全部返します。広告要素全部抜いて普通の企画として別の媒体に出すんでけっこうです」みたいにやり返す。そうすると大抵の会社は折れてくれる。その中で折れなかったのは過去に1社だけで、その会社で進めていた企画は別のクライアントをスポンサーに据えて流用する事にした（もちろん新しいクライアントには事情を説明してオッケーを貰った）。その企画は爆発的にウケて数字をかなり稼いだので新クライアントは大喜び。旧クライアントに対して「ざまあみろ！」くらいに思った事はこの場で書いておきたい。

ハッキリ言って「業界の慣習」なんて無意味なものも多いのだ。無意味だからこそ「業界の慣習」だなんて意味不明な表現になっているという事もあると思う。貴方が何か新しい事をはじめるのであれば、その業界の慣習なんていったんは無視して事業をはじめればいい。代理店が業界の慣習と言って引かないのに、クライアントに聞いたら「全然オッケーですよ」なんてあっさり通った事もあった。違法行為はともかく、理解出来ない「暗黙のルール」に従う必要なんてないのだ。それが本当に大事なものなら軌道修正すればいいだけの話で、まずはそういう業界の慣習と戦う事から新しい価値は生まれる。

僕がインターネット上で「怒る」理由

「怒る」というのは大変面倒な作業である。多くの人にとって避けたいものだろうし、僕だってそうだ。出来る事なら怒る事とは無関係に、平和に暮らしたいと思っている。だけど、さっきも書いた通り僕はクライアントとケンカをする事もあるし、僕が書いた記事をパクった会社を詰めてサイト閉鎖に追い込んだ事もある。それだけを聞くとやっぱり「ヨッピーは怒りっぽいやつだな」と思われるかもしれないけど、こう見えて僕の怒りかたには一定のルールがあるのだ。それは「個人的な事では怒らない」という事である。

例えば上座とか下座とかの扱いでヘソを曲げるとか、打ち合わせにお茶が出てこないとか、失礼な態度を取られたとか、そういう僕個人の事は心底どうでもいいと思っていいて、**僕が怒る時は「他人の怒りを代弁する時だけ」っていうふうに決めている。**もちろん読者からの信用を失いそうな事に巻き込まれたらちゃんと弁明するし怒るけれども、少なくとも「ヨッピー」という名前で自分個人の事では怒らない。入った飲食店の対応が悪かったからと言って店名を挙げてTwitterに書き込んだりなんて事はしない。Twitterで僕の悪口を書いている人に文句のひとつも言いたくなるけど、まあ大抵はやらない。僕自身の個人的な怒りなんて、読者にとってはどうでもいいからだ。

例えば以前、「抗がん剤治療なんてもうやめよう!」みたいな記事が公開されているのを見てTwitterで文句を書いた事がある。あれを何故書いたかと言うと、ああいうデマみたいな記事がインターネットにあふれると、僕のご主人様である読者達に迷惑がかかるからだ。僕は僕の大切な読者の人達に、デマにまどわされたりして欲しくない。

他にも「大阪　観光」みたいなワードで検索をかけると、「大阪の観光ランキングトップ30!」みたいな記事がたくさん出ていて、そういうのに対する悪口を書く事もある。ああいう記事は大抵落ちている画像を適当にまとめただけのものだし、「ランキング」

なんて言いつつ誰が何を根拠に決めたランクなのかも書いていないのが当たり前で、要するに質が低いのである。そもそも現地に行ってない人間が適当に書いているだけの事がほとんどだ。だから大阪出身の僕からすると「こんな所が○位のわけないじゃん」っていうものがゴロゴロ入ってたりする。ああいうのがあると、本当に求めたい情報にたどり着くために、ご主人様達が不便な思いをするのだ。だから怒る。

そうすると、結果的にその**「怒る」という行為が支持されて、新しい読者がごそっと増えたりするのだ。**みんなどこかで怒っている事でも、最初に書いた通り本来「怒る」というのは面倒な作業で、敬遠しがちなのである。それを読者様の奴隷であるところの僕がその怒りを代弁する事で、「よくぞ言った！」と褒められる、という図式だ。

だからその「他人の怒りを代弁する方式」で怒る事が結果的に僕のプラスに働く事が多い。それに気づいてからは、まああんまりコワモテの印象がつくとアレなのである程度はコントロールするようにしているけれども、ちょくちょく「これは言っておかんといかん！」みたいな事に対しては首を突っ込むようにしている。

前にも少し書いたけど、PC DEPOTという会社があって、パソコンのサポート契約などを業務の柱にしていたりするのだけど、その会社が80歳を超える老人と結んだ契約に対して、その息子さんが「父親は高齢だしもう使わないサービスだから解約したい」と店舗に申し出たところ、解約料20万円を請求された、みたいな事案があった。その息子さんは怒ってTwitterで顛末について発信すると同時に、僕のTwitter宛にも「なんとかしてくれ」「大きく取り上げてくれ」みたいなリプライを送ってきた事がある。

その頃にはジワジワと炎上ののろしが上がりつつあり、僕の別のフォロワーさん達も「ヨッピーさん是非突撃してくれ」みたいな事をワイワイ言ってくるのである。みんな他人事だと思って言いたい放題である。「俺は駆け込み寺じゃねえんだぞ!」とも思ったんだけど、その息子さん以外にも過去にPC DEPOTを利用した人達が「私の場合もそうだった」などと非難の声をあげはじめる。Twitterでも「ひどい!」みたいな意見があふれてくる。

確かにそういったやりかたについては僕もひどいなと思ったし腹が立ったのだけど、何より大事なのは「まわりの人も怒っているかどうか」であって、個人の怒りはいったんは置いておいて、「みんなも怒ってるのかな?」というところを一歩引いて確認した方がいい。

そしてそのPC DEPOTの時は「よし、みんなも割と怒ってるな」という確信を得たから、その告発者である息子さんと一緒にPC DEPOTに乗り込んで、その顚末をYahoo!ニュース個人に書いた。結果、たくさんの賛同意見を頂き、テレビ雑誌その他でも追加報道があったりして社会的に大きなニュースになった。

もちろん告発者ありきの話だし、僕のやった事なんてたかが知れているのだけど、その「まわりの人がみんな怒っている」という状態は、やりようによっては時に大きな反響を生む事があるし、それによってたくさんの人に褒めてもらった。時には怒る事も大事なのだ。

価値観がブレそうな付き合いはしない

独立して事業が上手くいくようになると、いろんな所からお誘いがかかるようになると思う。僕はライターという職業柄、いろんな人と会って話す事で新しい記事のネタを思いつく事もたくさんあるので、飲み会なんかに誘われればなるべく顔を出すようにしている。

ただし、その後継続的に友人、もしくは仕事仲間として付き合うかどうかはけっこう選んでいるつもりだ。上から目線で申し訳ないけど。その「選ぶ基準」について具体的に言うと**「カネの匂いがする人」はなるべく敬遠している**、という事である。つまり麻布や六本木で飲んでいるような人達の事だ。まあ本来フリーランスとしては「カネの匂いがする所」というのはおいしい場所だし、積極的に顔を出すべきなのかもしれないけど、僕の場合は何度も言うように「カネよりも読者」というスタンスでいるので、カネの匂いに釣られて「おいしい話」なんかを持ちかけられたら軸がブレてしまうのである。

六本木や麻布の、例えば起業家なんかが集まる所に行くと、「ウチのサービスを紹介して欲しい」なんて言われる事も多いし、そういう社長さん達は決裁権限を持ってて普段から贅沢をしていたりするので、びっくりするくらいの好条件を提示してくれたりする。でも、僕の読者がそういう記事を求めているかと言うとそれはまた別の話である。僕が高いギャラを貰っても読者にはあんまり関係ない。それなのに、その好条件に自分の心が揺れ動くのが嫌なのだ。

何度も言うように、僕は僕の読者が求めているものしか書きたくない。六本木のお金を持っている人達と一緒に過ごせば、大なり小なりそういう価値観が僕に沁みついてしまうけれども、普通の読者はそういう六本木の経営者層とは違う価値観で生きている。例えば帝国ホテルのスーパー分厚いステーキがついたフルコースが仮に８０００円だったとしよう。六本木の経営者層からすると「それは安い！　お得だ！」ってなるのかもしれないけど、一般的なサラリーマン層からしたら晩ごはんに一人８０００円というのはやっぱり高い。それなのに僕がその価値観に染まってしまい、「今なら帝国ホテルのフルコースが８０００円〜〜！　激安だ〜〜〜！」みたいな記事を書いてしまえば読者の心は離れてしまうだろう。だから僕はそういうお金の匂いがするような場所や人からはなるべく離れるようにしている。個人的に「カネの匂いをプンプンさせている人」みたいなのが好きじゃない事もあるけど。

一食８０００円でコスパのいいフルコースの記事を書くくらいなら、２０００円で美味しい肉が食べられる食べ放題の焼肉店の記事を書いた方が絶対に読者に喜ばれる。市場のニーズに対しては誠実でなければいけない。

六本木の会員制バーには行くな

悪口ついでに六本木について書いておこう。これは「東京で言うところの六本木」という意味で、大阪なら北新地かもしれないし、名古屋なら栄《さかえ》なのかもしれない。よくわかんないけど。とにかくそういう「金持ちが好き好んで飲みに行く場所にある会員制のバー」の事だと思えばいい。あれは**完全に「カスの吹き溜まり」**です。いやマジで。本当にそうなんです。往々にしてそういう会員制のバーにはカスが集まるようになっている。

では何故、そういうゴミカスの人達が麻布の会員制バーに行きたがるかと言うと、「普通の人と俺は違うんだぞ！」と周囲にアピールしたいからだ。ああいう所に行くのは、「俺は、カネも持ってるしイケてるんだぜ！」って周囲にアピールしたくてしょうがない人達なのである。顔が売れてる芸能人や有名人なら、確かにそういうある意味クローズドな場所で飲んでる方が楽っていう部分はあるかもしれないけど、別に顔が売れてるわけでもなんでもない、**「お前誰やねん」みたいなやつが偉そ**

うな顔で会員制バーで飲んでたりするわけであります。

これがまた高確率でイヤなやつなのだ。

さっきも書いた通り、会員制バーに行きたがる人は「周囲より偉い自分」を誇示したいタイプの人間が多い。そうなると当然、会話の端々で「俺はスゴいんだぞ」などと、いわゆる「マウンティング」をカマしてくる。自分の仕事の話、車の話、女の話、などなど。これがもう、徹頭徹尾不毛である。

以前、友達に誘われて行きたくもないお店に渋々行ってみたら、客の一人が「こないだAKBの○○の付き添いで博多に行ったんだけど〜」などとブチ上げ、もう一人が「『シン・ゴジラ』のエンドロールにオレの名前が出るんだけど〜」と対抗し、返す刀で隣の男が「コムロがさ〜（小室哲哉の事）」と雄たけびをあげる、という魑魅魍魎が暴れ回る地獄みたいな会合に遭遇した。「さすがにそんなやついないでしょ!?」と思うかもしれないけど、マジですからね。そういうしゃらくさい場所の飲み会にはしゃらくさい連中が集まると相場は決まっているのだ。集まってくる女性にも「女性」を売り物にしてるような、愛人稼業みたいな連中も多い。なんていうか、「人間の汚いところ」みたいなのがバッシバシ見えてしまうので本当にげんなりしてしまうのだ。そんな所に一切顔を出す必要はない。

六本木でげんなりした話として、もうひとつ実例を紹介したい。僕が独身の頃、女性の友人に「人数が足りてないから来てくれ」ということで合コンに行った。僕の知り合いは幹事の女性一人なので男性陣は全員初対面の他人である。聞くところによると大手の広告代理店で働いているらしい。六本木のコジャレたレストランみたいな所で会合がスタートしたのだけど、その広告代理店の男がおもむろに、当時発売されたばかりのiPadを取り出して「こないだダイビングに行ったんだけどさぁ」などと、撮ってきた写真をペラペラとめくりながら偉そうに解説するのである。それだけでもかなりイラッとするのに、「でね、この写真見てよ。ほら」と男が一枚の写真を参加者に見せつけるのである。水中の写真だ。ダイビング中にでも撮ったんだろう。よく見ると青い海の中に、小さく何かが写っているのだ。「ほら、イルカ!」男が満面の笑みで写真を拡大すると、確かにぼんやりとイルカらしきものが写っている。

でも、**何がつらいってイルカまでめちゃくちゃ遠いのだ。**すごくぼんやりと、「確かに、イルカかなこれ……?」くらいの影しか見えない。女性陣が言う。「すごーーい！　イルカだ〜〜〜！　カワイイ〜〜〜！」。カワイイわけないだろ、って思うわけです。お前こんなもん、全然マトモに写ってへんやろ、と。拡大しすぎてちょっとジャギジャギしとるやんけ、と。でも女性の気持ちはわからなくもない。イルカを見たら「カワイイ！」と言うように訓練されているのが女性なのである。イルカのフォルムがカワイイのであれば、我々の股間にブラ下がっている如意棒のフォルムだって似たようなもののはずなのに、である。そんなわけで女性の「カワイイ〜！」の声に調子にのったのか、ペラペラと他のアングルの写真も見せつけてくるのです。でも全部小さい。イルカが、小さい。それなのになんとなく女性陣は「カワイイ！」と連発し、男はドヤ顔。どこの地獄なんだここは、って思うわけです。

これが上野の立ち飲み屋だったら、女性陣も「いや小せぇし！」などと突っ込めたのかもしれないけど、六本木のコジャレたレストランではなかなか本音を言えない。この、

本音と建て前のうち、「建て前」で過ごしているとマジでいろいろと価値観の軸がズレていくような感覚に陥ってしまう。

だから、六本木で飲んではいけない。

アイデアは道ばたに落ちてる

ところで、企画をたくさん考える仕事をしているので、打ち合わせの時に「こういうのはどうですか」「これって面白いんじゃないですか」みたいな提案をクライアントにポンポン出すのだけど、「よくそんなにいろいろ思いつきますね」みたいな事を言われる事がある。「どうやってネタを仕入れてるんですか」なんて。言っちゃあなんだけど、僕は別に特別な事はしていない。本を読むのも最近は漫画ばっかりだし、購読している週刊誌もない。インターネットでいろんな記事を見るのは好きなのでそれに関しては人の何倍も見ているとは思うけど、あとはなるべく飲み会なんかに顔を出す程度で、特殊なインプットなんてなんにもしていないのである。なのに、何故アイデアが枯渇しないかと言うと、単純に**「道ばたに落ちてる一万円札」を探しているからだ。**

「なんの話をしてるの？」と聞かれそうなので解説をすると、例えば貴方が朝起きて、会社に向かうために駅まで歩いていたとする。その時に「落ちてる一万円札」を見つけられるかどうかの話だ。もし貴方が、何も考えずに道を歩いていると、落ちている一万円札に気づかずに通りすぎるだろう。だけど、家を出る前に「今日、駅まで歩く道のりで一万円札が落ちてる」という情報を事前に知っておけば落ちてる一万円札に気づく事が出来る。

つまり、**日常的に「ネタを探す」という姿勢が取れているかどうか**、の話なのだ。僕は企画を考える仕事をしているので、常日頃から「何かないかな」「このネタどうかな」と思いながら日常を過ごす事が身についているのだと思う。だからインターネットの記事を見ていて「おっ。これをネタにしよ」と思う事も多々ある。こういう意識を普段から持ってるかどうかだけの違いでしかない。

例として挙げると「ＹＡＭＡＨＡのコピペの記事」というものがある。

ヤマハの歴史
・最初は輸入ピアノの修理→楽器関係作る
・楽器やってた流れで電子楽器も作る→ＤＳＰも作る

・DSPを他に利用しようとして↓ルータ作る

という流れで、楽器、電子機器、ネットワーク関係の製品を作るようになった。

じゃ、なんで発動機や家具とかも作ってるかというと、

・ピアノの修理で木工のノウハウが溜まる↓家具を作る↓住宅設備も作る
・戦時中に軍から「家具作ってるんだから木製のプロペラ作れるだろ」といわれて戦闘機のプロペラ作る↓ついでにエンジンも作る
・エンジン作ったから↓バイクも作る
・エンジン作ったから↓船も作る↓船体作るのにFRPを作る
・FRPを利用して↓ウォータースライダー↓ついでにプールも作る
・プールの水濁ったんで↓浄水器作る
・失敗作の浄水器で藻が大繁殖↓藻の養殖はじめる↓バイオ事業化

❼

これは古くからインターネットで出回っている文章で、バイクと楽器でおなじみのYAMAHAという会社の歴史を示したものなのだけど、このコピペを読んだ時に「これって本当なのかな？」と思ったのだ。だからYAMAHAに取材を申し込み、「これって本当なんですか」と聞きに行って記事に起こしたらTwitterのトレンドに入ったりでかなりウケた。

でも、元々はネットで拾ったネタを昇華させただけの話で、企画自体は別に奇をてらった事もしていない。「黒ギャルとオタクを合コンさせる」みたいな記事も作った事があるのだけど、これも「ギャルとオタクって実は気が合うのでは？」みたいな議論がネット上で交わされていたので、「じゃあ実際にやってみよう」と思ったわけで、結論から言えばネットで拾ったものが元ネタになっているのだ（写真❼）。

そんなふうに「何かないかな」と思いながら生きていればけっこう「何か」が見つかる。

ネタは日常に転がっているものだし、**日常に転がっているものじゃないとネタとして不適格だ。**僕はライターとして普通の人達から支持されたい、と思っているので、普通の人達の日常にないものをネタにしたってあんまり意味がない。これはいろんな物事に流用出来るんじゃないかと思う。「新しいレシピを考えよう」と思っていれば食べたものからインスピレーションを受ける事はあるだろうし、逆にそう思ってない限りはアイデアも浮かんでこない。道ばたの一万円札を探しながら過ごそう。

僕にとってのゴールはプーチンと戦う事

仕事をする上で大事な事は「どんどん派手にする事」「規模を大きくする事」だと思っている。以前にも書いた通り、「1000円のギャラで1000円の仕事をしていればいつまで経ってもギャラは1000円のまま」だからだ。だから1000円のギャラで1万円の仕事をして、1万円のギャラで10万円の仕事をして、10万円のギャラで100万円の仕事をする事を意識しないといつまで経ってもギャラは上がらない。だから僕はギャラが上がるにつれ、自分の記事の規模を大きくする事を常に意識している。

具体的には**「大物を連れてくる」「手間をかける」「予算を突っ込む」**なんかがそうだ。市長を連れてきたり**売れっ子AV男優のしみけんさんを連れてきたり**、スタジオを貸り切って撮影もするし熊本の記事を書くために4日間滞在してあちこちまわったりする。

この「熊本に4日間」の話で言えば、往復の交通費と滞在費その他でやっぱり10万円くらいはかかってしまうわけで、普通のコスト感覚からすると「割に合わない」くらいの金額である。記事1本作るのに10万円のコスト（ライターのギャラを入れるともっとかかる）をかけるのは普通のメディア、普通のライターはやらないだろう。でも、だからこそそれくらい金額をかけると他のライターと差別化が出来るのである。「熊本行くには経費が高いから、適当にネットの情報だけをまとめておくか」っていうよくあるパターンで作る記事なんて読者は求めてないし、信用も得られない。だから僕は自分のギャラを削ってでもコストをかけて取材したものを書くようにしている。じゃないとどこかで絶対に行き詰まるからだ。同じようなものを同じようなクオリティで出している限り、必ずどこかで飽きられるし、何度も言うように報酬だって上がらない。だからこそ質の向上は常に意識するべきだし、「自分はいくら分の仕事をしているのか？」を意識しなければいけない。

そういう事をインタビューで答えたら、「じゃあ、そうやってどんどん幅を広げていくと、最終的にはどうなるんですか？」と聞かれた事がある。少し考えて、「**プーチンと戦いたい**」と答えた。「なるべく大物」というのの究極がロシアの大統領であるプーチンで、柔道黒帯を所持し、世界的にも「コワモテ」として知られるプーチンが、「果たして本当に強いのか？」という興味は世界中のみんなが持っているだろうからだ。

もちろん今の僕の読者だって、僕とプーチンが戦う記事なら「読んでみたい！」と思うだろう。半年間一切の仕事を断り、格闘技を集中的に習った上でプーチンと僕が戦い、「プーチンは本当に強いのか？」を検証するのだ。恐らくは世界中でウケるだろうし、多言語に翻訳すれば累計で1億PVは取れるんじゃないかと思う。**「規模の拡大」を突き詰めると「プーチンとの戦い」に行き着くのである。**

もちろん今の僕では到底無理な話だけれども、僕が頑張って読者を増やし、もっともっと影響力が強くなればひょっとしたらプーチンが気の迷いで「いいよ」って言う日が来るかもしれない。もしそれが実現したらライターとしては「アガリ」と言ってもいいと思う。世界一のライターを名乗っても全然おかしくないかもしれない。その日を目指して、とにかくどんどん派手に、どんどんコストをかけて面白いものを作っていきたいなと思っている。

ウケる記事には方程式がある

「面白いものを作る」と一言で言っても、その「面白いもの」が世間のニーズと一致していない限りは社会的な価値がないわけでありますす。そりゃそうだ。例えば白い壁を一日中眺めてるのが好き、という変態がいたとして、その人が「これは最高だ!!」とか言いながら白い壁が延々写ってるだけの動画をYouTubeにアップしても誰も見てくれない。だから「自分にとって面白いもの」と「社会的な価値があるもの」との折り合いをつけなければいけない。第一章の冒頭に僕は「好き放題している」とは書いたけれども、でも実は「純粋な意味での好き放題」ではないのであります。だって、マジで好き放題だったら毎日キャバクラにしか行かなくなるからね。つまり、考えかたとしては「自分が面白いと思うもの」である必要がまず最初にあって、そこから更に「ウケそうなもの」を選んで実行する、というような流れであります。**やりたいものの中からウケそうなものを選んで記事を書く**のである。

じゃあそこで問題になるのが「そもそも何がウケるんだろう」という部分ですが、これを僕が方程式化したものがあるのでご紹介したい。

広さ×深さ×距離感の法則

というやつである。方程式、とか言うと一気に頭が悪そうに思われるかもしれないけど、その辺は我慢して聞いて欲しい。広さ×深さ×距離感という方程式のうち、まず最初の「広さ」について説明しよう。

この**「広さ」**っていうのはつまり、世に出そうとしているものがどれくらいの人にとってニーズがあるか、っていう部分である。これだけだとわかりにくいので、例えば「うまいラーメン屋さん」の記事について考える。

「東京で一番美味しいラーメン屋」の記事と、「鳥取県で一番美味しいラーメン屋」の記事。どっちが「広いか」と言えばもちろん東京で一番美味しいラーメン屋さんの情報である。何故なら単純に東京の方が人口が多いからだ。別に細かく数字を見るところまでやらなくてもいいけど、感覚的に「こっちの方が広そうだな」みたいな事はわかって貰えると思う。

石原さとみさんの水着と、久本雅美さんの水着を比べてもいい。もちろんどっちにもニーズはあるだろうし、「久本さんの水着の方が絶対見たい!!」なんていう人ももちろんいるだろうけど、でもやっぱり「広さ」があるのは完全に石原さとみさんの水着姿である。こうやって「この記事のターゲット層はどれくらいの人数がいるだろうか」と考える事がすなわち「広さ」の概念であります。

そして次に「深さ」について考えたい。これは「広さ」に比べるとなかなか簡単に説明が出来ないのだけど、「その人にとって、どの話題がどれくらい刺さるか」という概念である。

例えば、広さの概念の時にラーメン屋を例に挙げたのだけど、もし仮に鳥取県民全員が崇拝していて、満場一致で「ここ！」と言うくらいに絶大なる支持を集めているラーメン屋さんがあったとしたら、その記事は**鳥取県民の中では死ぬほどシェアされて**、東京のラーメン屋の情報よりむしろ読まれるかもしれない。

実例として、僕はちょくちょく「テキストサイト」と呼ばれる文化の記事をインターネットで書く事がある。テキストサイトというのは、いわゆる「日記サイト」のようなもので、今のように画像や動画をばんばんアップする文化がない頃のインターネット文化で、「おもしろ日記」をみんながこぞって書いていたような時代があったのである。僕もその文化圏に属していたのでテキストサイトには詳しいし、知り合いも多い。ただしその「テキストサイトの話」は前述の「広さ」の概念で言えば全然広くないのである。

当時のネットユーザーのメイン層と言えば、かなり時間も経っているので今では「30代以上、男性でオタク気質」みたいな人達である。むしろそれ以外の人達にとってはちんぷんかんぷんな話かもしれない。でもそんなテキストサイトの記事でも、書けばやっぱり数字を取るのだ。何故ならその**「テキストサイトの話」には深さがある**からだ。思い入れ、と言ってもいい。青春まるごとつぎ込む、くらいの勢いで日記を書いていた人達がいるし、そういう人達にとっての「懐かしい話」だからこそ、そういう人達はみんな共感してシェアしてくれるのである。広さはそれほど広くないけど、深さがじゅうぶん取れるので数字が出る、という寸法である。

この「深さ」の概念については「思い入れのあるもの」と言い換えてもいいかもしれない。そういうテキストサイトのような「懐かしい話」も意外と数字が取れるし、他にも「子育てネタ」なんかもいいと思う。現在進行形で子育てをしている人達はそういった記事を積極的にシェアしてくれるからだ。ターゲットが多少狭くても（もちろん狭すぎてもダメだけど）、ターゲット層にとって思い入れの深いジャンルであればかなり数字が取れるはずだ。

そして最後に**「距離感」**の話である。これは「ターゲットにとって、どれくらい身近な話なのか」という概念だ。荒っぽい例えかたをすると、例えばレバノンでテロが発生しても日本ではそれほどニュースにならない。でもフランスでテロが発生すると大きなニュースになる。これは単純に日本人にとってレバノンよりフランスの方が心理的な距離感が近いからだ。企業の炎上でも似たような傾向が見られる事がわかる。

過去の炎上事例を言うと雪印の食中毒問題があって、日本中から叩かれて会社が潰れるかどうか、くらいの瀬戸際まで行ったけど、電通が、トヨタから広告費を不正に請求していた、みたいな事件については世間の関心がそれほど高くない。これは単純に「牛乳」の話題の方が多くの人にとって身近なものだからだ。逆に言えば心理的な距離感が遠いものに対してはそれほど関心を示さない。この辺はなんとなく理解して貰えるんじゃないかと思う。

そんなわけでこの「広さ」「深さ」そして「距離感」という三つの軸で物事を測り、「どれくらいウケそうか」というのを考えるのである。これは恐らく、僕みたいなライター業以外でも使える概念じゃないかと思っていて、例えばレストランをオープンする、となった時に、「好きな人が多くて、思い入れもあって、かつ身近にあるもの」という事を考えるとウケそうなものがわかってくるんじゃないか。カレー屋さんやラーメン屋さんがたくさんあるのはそういう理屈である。もちろんカレーやラーメンなんかは死ぬほどライバルがいるのでそう簡単には儲からないけど、同じように広さと深さと距離感が取れる食べ物ってまだまだあるような気がする。ちなみにこの本を出すにあたっても

「広さ×深さ×距離感」というものについて企画を決めている。広さに関しては「大多数のサラリーマン向け」というボリュームゾーンを狙っているし、「深さ」については「お金の話」というみんなの関心が強そうなもの、そして「距離感」については僕に知名度がないのでなかなか難しいところもあって諦めたのだけど、でも基本的にはそんな感じで意思決定する事である程度の層には響く事が出来るんじゃないかと思う。

使える魔法は使いまくるべき

「レベルアップすると使える魔法が増える」というのはゲームなんかでよくある話だ。例えばレベル1の勇者は「ぬののふく」を着て「こんぼう」で敵を叩いて倒すのだけど、これがレベル40とかになると**「ロトのつるぎ」を持って「ベギラゴン」の呪文で敵を倒したりする。**そしてこれはビジネスの世界も同じだったりするのだ。

例えば僕が駆け出しのライターだった頃は、一回の撮影で使える経費は数千円だし、取材に協力してくれる人だって少なかった。だけどライターとして経験を積んで、それなりに実績を挙げて「レベルアップ」をすれば使える経費が数万円、数十万円に上がり、市長や知事、大手企業の広報なんかもちゃんと相手にしてくれたりする。

冒頭でも紹介した「市長とシムシティで対決する記事」なんて、僕が駆け出しのライターだったら絶対に市長も相手をしてくれなかっただろうな、と思う。レベルアップしたおかげで「市長」という魔法が使えるようになったわけだ。

前に書いた「YAMAHAのコピペ記事」だってそうだ。僕が多少なりともWEBで実績があって数字を持っていたからこそ「広報に使える」という判断をしてYAMAHAという大企業が相手をしてくれたわけだし、あれだって同じように僕が駆け出しのライターだったら相手をしてくれなかっただろうな、と思う。だからこそ、レベルアップして「強い魔法」がバンバン撃てるようになったら積極的に使うべきである。そうする事によってライバルに勝ち抜かなければいけない。「自分にしか出来ない事」を追求しないと、いつかライバルに出し抜かれるからだ。

せっかくレベルアップしたのに、駆け出しのライターにまざってこんぼうを振り回していたら、レベルアップして「はがねのつるぎ」を装備した勇者に負けてしまう。ただでさえ、**「レベル1なのに最初からベギラマが使える」**みた

いな化け物が現れたりするのがビジネスの世界だ。使える予算、人脈、技術などをフルに活かしながら戦っていかなければいけない。

勝てないと思ったらとっとと逃げよう

「儲かる椅子を探す」というのに近い事でもあるのだけど、「これは勝てない」と思った相手からは一目散に逃げる事も生存戦略のひとつである。「レベル1なのにベギラマが使える」みたいな化け物が現れたなら、**もう戦うのを諦めてとっとと逃げた方がいい。**

僕は元々、「下ネタばっかり書くライター」としてネット上に登場している。「オモコロ」の僕の名前の横についている座右の銘は、加入当初の「下ネタの覇者」のまんまだ。

具体的には「チンコの形をしたチョコレートを作る」だとか「国会議事堂の前でオナニーする」みたいなひどい記事を当時はたくさん書いた。でも、今ではそれほど下ネタの記事は多くない。僕が元々下ネタが好きだから今でもゼロではないけれども、昔ほどではなくなっている。

では、何故僕は下ネタを書く事をやめたのか。それは「オモコロ」に「加藤」と「キショ松」という、僕より数段ひどい下ネタを書く人間が入ってきたからだ。加藤は「ナプキンがクリオネに似ている」というようなひどい記事を書いていたし、キショ松は「自分のおしっこを飲む」という脳細胞に尿素でもまわったのかと思うような、頭のネジが外れた記事をブチ込んでオモコロに入ってきた人間だ。

この二人と「下ネタ」で争うのは分が悪い。分が悪いし、「オモコロ」というサイト全体のブランディングとしても下ネタに寄りすぎるのはよくない、と思ったのだ。だから僕は「下ネタライター」という椅子を争う事をやめた。そして次の方向性として目をつけたのが「身体を張っていろいろやるライター」というポジションだ。

iPhoneのコスプレで20時間並ぶとか、ツタンカーメンの恰好でツタンカーメン展に行くとか、三輪車で都内を一周するとかいろんな事をやった。そして「身体を張ったライター」というのがぼつぼつ浸透してきたかな、と思った時に「オモコロ」に加入してきたのがARuFaだ。**ARuFaこそ、「レベル1なのにベギラマが使**

える化け物」の権化のような人間で、「身体を張っていろいろやる」というポジションでは絶対に彼に勝てない。

前に僕は「今ネットで一番数字を持ってるライターと呼ばれている」なんて書いたし、実際そんなふうに紹介される事も多いのだけど、実際のところ、今日本で一番数字を持っているのはARuFaで間違いない。これはもういろんな数字が物語っている。例えば僕が書いた記事で1000RT、1000いいね、くらいを超えたら「けっこうウケたぞ！」くらいの感覚なのに、彼がその数字だったら「死ぬほど滑った！」と思うに違いない。

彼の突出ぶりは規格外もいいところで、みんながフルマラソンで競走している時に、一人だけ100m走のスピードでフルマラソンを走り切ってしまうような化け物がARuFaだ。僕もネット上ではかなり数字を持っている方だけど、それでも彼には勝てない。そんな化け物がオモコロに入り、「身体を張っていろいろやる」のだからもう勝ち目はない。だからその椅子を争う事から逃げて、僕は「Funny」な面白さから、「interesting」の面白さを追求するようになるのである。「笑える」という面白さから「興味深い」という面白さへの転換だ。

他にもいろんな事をやるようになった。僕はインタビューもするし、密着取材もするし、社会問題も扱うし、炎上ネタに首を突っ込んだりもする。もちろん下ネタも身体を張るのも好きなので今でもぼつぼつやるのだけど、とにかくARuFaの出現にビビった僕は、彼がまだ手を出してない領域に進出する事でどうにかして自分の居場所を確立しようと試行錯誤したのである。でも、それが結果的に僕のライターとしての幅を広げてくれたし、やってみると「あれ、けっこうイケるな」みたいなネタがたくさん増えた。逃げたおかげでライターとしてレベルアップ出来たのかもしれないな、と思う。

たまにネット上で「ヨッピーさん、昔みたいな無茶な企画やらなくなって丸くなったのかな」みたいな事を書かれたりするけど、それは間違いで、単純にライバルから逃げた、というのが正解である。島田紳助が、「ダウンタウンが出てきたから漫才やめます」って宣言したのに近い。「これは絶対無理」というようなライバルが現れたなら、とっとと逃げ出そう。

見栄のためにお金を費やすのは二流

お金は大事なものである。だから当然使い道についてもちゃんと考えなくてはいけない。ある程度成功した、サラリーマンの時以上にお金が貰えた、じゃあ何しよう。

「自分へのご褒美に、ロレックスの時計でも買うか！」

完全なるアホである。

これについてはもう僕の独断かつ偏見でしかないのだけど、少しお金が入ったからと言って「見栄」の部分にお金を突っ込むのはアホとしか言いようがない。もちろんロレックスの時計そのものが好きで、昔から欲しかった、とかなら別なのだけど、「ちょっといいものを買おう」とか「モテよう」みたいな発想、つまりは「見栄」で買うのなら絶対にやめておいた方がいいと思う。「見栄」は何も生まないからだ。

こんな事を言うと「一流のものを身に着けておかないと相手に信用されない」みたいな事を言い出す人がいるのだけど、そんなものは完全にウソである。だって、貴方だって知り合いが「これ高かったんだよ〜」って言いながら200万円の腕時計を見せてきたらその人の事を信用するどころか「こいつ大丈夫かな」って不信感を持つはずだし、「この人は何か怪しい仕事してるんじゃないか?」って思うだろう。

「一流を知るためには一流のものを身に着けるべきだ」みたいな事を言う人もいる。それも嘘だ。**イチローはダジャレTシャツを着ててもイチローだし、ペラペラのスーツを着てても孫正義は孫正義**なのである。「一流になるために一流のものを身に着けよう」なんて言う人もいるけど、それを言ってる時点で「いかにも二流っぽいな」と思ってしまう。

例えばロレックスの腕時計が50万円だとして、「自分へのご褒美」的なノリでそれを買ってしまうのであれば、その50万円を使って１００人くらい集めた飲み会でもやってみたらどうか、と思うわけであります。一人５０００円の予算で１００人呼んでちょうど50万、全員の支払いが出来る計算になるわけで、普通の会社員が「おかげさまで昇給したので、僕の自腹で部署内の１００人全員奢ります!」みたいな事をやったらたぶん伝説になれる。それって50万円のロレックスよりよっぽど価値があるんじゃないかと思うわけであります。

「人脈」は実力の付属品である

独立するにあたって「人脈は大事だ」みたいな話がある。そしてそれはもちろん大事である。仕事を貰える事もあるだろうし、逆に仕事をお願いする事もあるかもしれない。なんなら投資してくれるみたいな話だってあるだろう。

ただし、ここで理解をしておいて欲しいのは、その「人脈」の元になるものはすべて自分の「実力」である、という事だ。貴方自身に価値がない限り、誰も貴方に仕事をくれないし、誰も貴方にお金をくれない。実力×人脈が結果を生むのであって、実力がゼロならいくら人脈があったところで何も生まれないわけで、そんな人脈はマジで無意味である。相手にとって、自分自身に価値がない限り結局は誰も相手をしてくれないのだ。

もちろん多少なりとも実力があるおかげで、仲がいい、とか、顔見知りだから、という事で仕事を受注出来たりする事は往々にしてあるし、僕の「ライター」という仕事も基本的には顔見知り同士で仕事をまわしあうバックグラウンドがあったりするので人脈がある事が有利である事は間違いないのだけど、それでも全然文章も書けないのに仕事を発注しようとするやつは愛人を探してる成金社長くらいしかいないのが普通である。

やはりある程度は実力が身についてないと人脈は生きてこないし、そもそもその「人脈」で持ってこれる仕事なんてたかが知れていたりする。「貴方にこそ仕事をして頂きたいんです！」と、全然知らない人から仕事を頼まれるようにならない限り、ゴリゴリ稼ぐのはなかなか難しいんじゃないかと思う。だいたいどこの業界にもそういう「**人脈だけおじさん**」みたいな人がいたりして、なんか訳知り顔で変に繋いでこようとしてくれたりするんだけど、でもだいたいそういう人って業界から嫌われて知らない間にいなくなったりしてますからね。やっぱり自分に中身がないとダメなんだと思う。まあ中身が空っぽな僕が言っても説得力ないけど。

とりあえず水風呂に入ろう

フリーランスの絶対条件は、「健康である事」である。前の章で「月収10万円」「貯金300万円」「身軽である事」みたいな条件を書いたけど、それらよりもっと大事なのが「健康」である。

会社員と違い、フリーランスは仕事をしない限り、一撃で収入が途絶えてしまうからだ。休業中は誰もお金をくれない。だからこそ健康面に気をつけなければいけない。もちろん会社員にとっても健康は大事なんだけど。「じゃあお前は健康に対して何をやってるんだよ」と言われそうなので書いておくと、**ひたすら銭湯に通っております。**

「銭湯と健康、なんの関係があるんだ」と言われそうですが、銭湯、マジでいいんですよ。もっと言うと**「水風呂が最高」**という事であります。

人間の身体は、暑い場所にいると「毛穴が開く」「汗が出る」「血圧が上がる」などの体温調節機能が自動的に働くようになっている。逆に寒い所に行くと毛穴が閉じて、汗が引いて、血圧が下がるわけであります。この調節機能を「自律神経」と言うのですが、銭湯に行って熱いお湯に入ったり水風呂に入ったりっていうのを繰り返す「交互浴」というお風呂の入り方がこの「自律神経」に効くのだ。具体的には代謝がよくなって冷え性とか肩こりが改善されたり、寝付きもよくなるしストレス解消にもなる。

現代人はエアコンによって一定の温度に保たれた室内に長時間いたり、夜でも蛍光灯の下にいたりする事も多いので、身体のその「調節機能」がバカになりつつある。使ってない筋肉が衰えるのと同じで、自律神経も衰えていくわけであります。そこで銭湯に行って熱いお湯に入ると、毛穴が開いて血圧が上がり、汗をかく、水風呂はその逆に作用する。これを繰り返す事で徐々に汗をかきやすい体質、代謝のいい体質に変貌を遂げるのであります。

そうするとマジで全然風邪をひかなくなるし、仕事仕事で溜まったイライラが解消されるので**マジで一回騙されたと思って試して欲しい。**

おわりに

冒頭部分、最初の最初に書いた通り、世の中の自己啓発本、ビジネス書のたぐいは「行動しろ」という事が大きなテーマになっていて、僕が書いたこの本もその例外ではないし、その大前提は今でも間違ってないと思う。やっぱり「行動する」事は大事なのである。

でも、だからと言ってなんでもかんでも「やれ！」「行動しろ！」っていう風潮にも辟易するなぁと思っていて、実際僕なんて基本的にはグータラな人間だし、勤勉な努力家、みたいなところからはかけ離れたところにいる。努力するのも嫌だし、面倒臭いのも嫌だ。でも、そんなグータラな人間だからこそたどり着いた「人生の攻略法」みたいなものを今回書いたつもりで、「リスクを取って行動しろ！」という風潮に対しての、「リスクを取らなくても行動は出来るんだぜ」というものだったり、「問題にブチあたれ！」という風潮に対しての「問題から逃げた先にだって道はあるぞ」というものがそうだ。別にリスクを取る必要なんてないし、嫌な事から逃げるのだって別に構わない。

むしろ、嫌な事からは逃げておかないと一生その嫌な事に付き合う羽目になるかもしれない。「逃げる」事だって立派な「行動」の内のひとつだ。一番よくないのはなんとなく目の前の日常を過ごしてしまう事であって、終身雇用が崩れた今ではそれが何よりのリスクになる。

しかしながら「行動する」という事の大切さを理解している人は多いのに、なんとなく「行動しなきゃなー」なんて思いながら今までと変わらない日常を暮らす人がほとんどなんじゃないか。だからこそ僕は、この本を読んだ、10人の内の1人でもいいから「よし、明日からなんかやるか！」と思い立ってくれればいいな、と思っている。ほんの一歩でもいい。何もしてない人達よりはそれだけでリードしている事になるから。

最後になるけれどもそういう人達の背中を後押しすべく、僕が生きる上で大事にしている三つの事について書いておきたい。

・会いたい人に会う

・行きたい所に行く

・やりたい事をやる

以上だ。要するに「好奇心に従う」というのを僕はものすごく大事にしている。もちろん法律に触れない程度に。僕は過去、「吉野家コピペ」という有名な一文を書いた「新爆」という人の文章が異常に好きで、新爆さん本人にどうしても会ってみたくてファンメールを何通も何通も書いた。「一度でいいから飲んでください」「一切話さなくてもけっこうなので飲んでる所にお邪魔させてください」などなど。最終的には「その日は僕が全部奢りますし、キャバクラでもソープランドでもなんでもいいから奢らせてください。その代わり2時間僕と話をしてください」くらいの事まで書いて送った。結局気持ち悪がられてお断りされたんだけど、機会があるたびに新爆さんにメールを送り続けていたら、その様子を知った共通の知人が間を取り持って面会が実現した事がある。

他にも、例えば過去に「ゾンビが大量発生した時に、ホームセンターにどう立てこもるかを専門家に聞く」という企画を立てた事があって、協力してくれるホームセンターを探した事があるのだけど、その時は日本中のホームセンターに断られまくったのである。

そりゃまあ「ゾンビが出た、という前提で立てこもらせてください」なんて言ってOKくれる会社なんてなかなかないだろう。普通なら10社くらい断られた時点で「この企画はダメかもな」ってあきらめるのかもしれないけど、僕はあきらめなかった。だって、その企画をやりたかったからだ。最終的にはカインズホームさんというまさかの大手が説得に折れて渋々認めてくれたのだけど、普通のライターならたぶん企画ごとボツにしたと思う。それくらい「やりたい事をやる」ためにはしつこい性分をしている。

「なんだよ！　結局気合かよ！」みたいな話になりそうなので一応説明しておくと、別にここまで極端な話じゃなくても、例えば誰にだって「○○に行こうかな」なんて思いながらも布団の中でゴロゴロしてしまって、結局一日を無駄に過ごしてしまった、みたいな事は往々にしてあると思う。そういう時、皆さんにはこの本の事を思い出して、「行動する」というルールを自ら設定しておいて欲しいのである。これによって人生が大きく開けるかどうかはわからないけど、確実にひとつ言えるのは「自分の事が好きになる」という事だ。

さっきも言った通り、「〇〇しようかな」と思いながらも布団でゴロゴロ過ごしてしまった日って、自分の事を少し嫌いになるはずで、自己嫌悪が生まれるよくあるパターンのひとつなんじゃないかと思う。例えば「美術館に行こう！」でもいいし「絵を描こう！」でも「英語を勉強しよう！」でもいい。「何かしよう」と思って行動して、「何かが出来た」時は自分の事を少し好きになれるはずで、それが結局のところ「幸せへの近道」なんじゃないか。まわりから嫌われてても、お金がなくても、自分の事が好きな人はだいたい幸せそうだし、逆に言えばお金があろうが人望があろうが、自分の事が嫌いな人は大抵不幸そうな顔をしている。だから貴方が幸せになるためにまずは自分の事を好きにならなければいけないし、そして自分の事を好きになるには、やっぱり行動するしかないのだ。だから貴方も、明日から何かをしよう。インターネットの片隅から、貴方へのエールを込めて。

カバー・帯写真　野口 博
ブックデザイン　鈴木成一デザイン室

ヨッピー

「インターネットで一番数字を持っているライター」と呼ばれる。
関西学院大学を卒業後、大手商社の会社員を7年間勤めるも
転勤の辞令をきっかけに退社。
以来「オモコロ」をはじめとしたWEB媒体でバズ記事を量産。
下ネタから身体を張った面白記事、
最近では企業の広告案件や不正に対する追及記事なども書く。
ツイッター　@yoppymodel
ブログ http://yoppymodel.hatenablog.com/
フェイスブック https://www.facebook.com/yoppymodel

明日クビになっても大丈夫！

2017年9月20日　第1刷発行

著者　ヨッピー
発行者　見城徹
発行所　株式会社　幻冬舎
〒151-0051 東京都渋谷区千駄ヶ谷4-9-7
電話　03-5411-6211（編集）
03-5411-6222（営業）
振替　00120-8-767643
印刷・製本所　図書印刷株式会社

ISBN978-4-344-03181-4 C0095
幻冬舎ホームページアドレス http://www.gentosha.co.jp/
この本に関するご意見・ご感想をメールでお寄せいただく場合は、
comment@gentosha.co.jp まで。